おいしいがとまらない！
魅惑のレシピ

Tesshi
(@tmytsm)

簡単おいしいレシピ
お届けします

　お久しぶりです！　Tesshiです。それとも、はじめ
ましてでしょうか？
　この本を手に取ってくださり、ありがとうございます。
　ご存じ、うちのキッチンの中央にゆったりと構える
イギリス製のダイニングテーブル。長年の荒っぽい扱
いに耐えながらも、艶っぽく暖かな雰囲気に変化し
続けています。このテーブルで料理を1品ずつ撮影し、
Instagramに投稿しています。1日1投稿するように
なって6年半になります。
　家事をひと通り済ませて寝る準備ができてから画像
とキャプションを入力するので、いつも深夜投稿になっ
てしまうのですが、「この料理はいつ作って、いつ食べ
ているのですか？」と質問されることがあります。
　そうですね、たしかにいつなんでしょう？　朝ごはん、
昼ごはん、夜ごはん？　おつまみ？　小腹が空いた時に
食べる間食？　それとも夜食？
　この本には、自由気ままなタイミングで作って食べる
のにちょうどいいレシピがいっぱい詰まっています。お
うち時間のお供に、ぜひ楽しんで作って食べていただけ
ればと思います。

この本のレシピを作る前に

私がふだん作る料理は、地元のスーパーで手に入る一般的な材料でできるものばかりです。この本のレシピで使っている調味料と、食材の補足です。

いつもの調味料と食材

粗塩、粗糖

塩と**砂糖**は、精製していないものを使っています。ちょっといい塩や砂糖を使って料理のやる気を高めています。

こしょう、粗びき黒こしょう

バランスよく塩とこしょうが調合されている、味塩こしょうを使っています。レシピでは**塩こしょう**と表記しています。仕上げには、黒粒こしょうをひいて香り高く。

こめ油

毎日調理に使う油はこめ油（築野食品）にしています。においもほとんどないサラサラの油です。この本では**油**と表記しています。ふだんお使いのお好みの油で作ってください。

オリーブ油、ごま油

オリーブ油やごま油は、香りや味わいを楽しめるよう、仕上げにふったり、あえものやスープ、ドレッシングなど、いろいろな料理に使います。パスタにオリーブ油は必須、肉系の炒めものはごま油を使うことが多いです。

かんろしょうゆ

かくし味に「しょうゆたらり」は私の定番。少し甘みのある「かんろしょうゆ」（坪田醤油醸造所）を愛用していますが、ふだんお使いのしょうゆを使ってください。

カンタン酢

サラダやすし飯を作るときには、「カンタン酢」（ミツカン）が便利。この本では**調味酢**と表記しています。「すし酢」をお使いのかたはすし酢で。

めんつゆ

この本でめんつゆと表記しているものは、希釈タイプの「創味のつゆ」（創味食品）を使っています。

ぽん酢しょうゆ

この本で**ぽん酢しょうゆ**と表記しているものは、「味ぽん」（ミツカン）を使っています。

青じそドレッシング

ノンオイルのドレッシング、「青じそドレッシング」（理研ビタミン）はポテトサラダなどのかくし味に重宝しています。

白ごま

白ごまは、ごますり器に入れていつでもすりたてを楽しんでいます。ひと目でごまがふってあるとわかるよう、白いりごまも一緒にふることにしています。

だし汁

だし汁は、市販のだしパック（食塩無添加）でとっています。

粉末中華風スープの素

「創味シャンタン粉末タイプ」（創味食品）はペーストよりやさしい味わいなので、和洋中と幅広い料理に使えて重宝しています。

ダシダ

深いコクを出したいときは、韓国料理の調味料「ダシダ」（CJ FOODS JAPAN）が役立っています。

バター

バターは味の決め手になるので直感でおいしそうなものを選んでいます。なるべく最後に加えて香りを楽しみたい派。この本では、カップ入りの「よつ葉北海道発酵バター」（よつ葉乳業）を使っています。

粗びき乾燥赤唐辛子

ぴりっと辛みをきかせたいときは、辛すぎない粗びきタイプを使います。彩りもきれい。

パルミジャーノ・レッジャーノ

パルマレッジョ社のミニパルミジャーノ・レッジャーノを常備しています。20gの個包装で、1回分の使い切りサイズなので便利です。ふだんは冷蔵保存ですが、冷凍保存することもあります。

スライスチーズ

牛乳に溶かして、パスタソースやミルクチーズスープにも活用しています。とろけるチーズ、ふつうのチーズ、チェダーチーズなどお好みで使ってください。固形のプロセスチーズやシュレッドチーズでもおいしくできます。

じゃがいも

小ぶりなじゃがいもの愛らしさについ心惹かれてしまいますが、この本では1個が100gの中くらいの大きさとして、個数とともにg数も載せているので、分量の目安にしてください。

ブロッコリー

ブロッコリーは、茎の底の部分に米の字に切り込みを入れ、ポリ袋に空気を入れて輪ゴムで留め、野菜室より低温の冷蔵室で立てて保存しています。黄色い花が咲かず1週間以上新鮮なまま。茎も皮をむいて使います。

コーン

生のとうもろこしが出回っているときには、生のものを使いますが、北海道産の冷凍コーンを常備しています。

豆腐

水に浸っていない充填豆腐を使っています。木綿豆腐もきめ細かでなめらかです。

削り節

この本では、1袋2.5g入りのものを使用しています。

レシピについて

- 大さじ1＝15㎖、小さじ1＝5㎖、1カップ＝200㎖です。
- バターひとかけらは約10gです。
- シュレッドチーズひとつかみは約50gです。
- 火加減は、記載がない場合は、中火です。
- 野菜を焼くとき、チーズ焼きにするとき、食パンを焼くときなどは、魚焼きグリル（両面焼き）を使います。オーブントースターでも同様に作ることができます。
- 魚焼きグリルで野菜や食パンなどを焼くときには、使ったあとに網や受け皿を洗う手間を省くために、シリコン樹脂加工のアルミホイル（くっつかない加工のもの）を敷いて使います。
- 電子レンジの加熱時間は、600Wの場合の目安です。機種により多少異なりますので、様子をみて加熱時間を加減してください。

もくじ
Contents

02　簡単おいしいレシピ
　　お届けします
04　この本のレシピを作る前に

この本で紹介しているレシピは、身近な材料でカンタンにできるものばかりですが、特にカンタンなものには、「とびきりカンタン♪」マークをつけています。

大好きな
卵、チーズ、じゃがいもで

10　じゃがいもとベーコンのチーズたまご焼き
14　豆腐のチーズたまご焼き
16　キャベツでチーズたまご焼き お好み焼き風
18　簡単じゃがいもグラタン
21　じゃがいもペペロンチーノ
22　はちみつバターしょうゆポテト
23　てり焼きマヨポテト
　　甘酢ポテト
24　マッシュドポテトのチーズ焼き
　　じゃがいもチーズ餅
26　ハニーマスタードマヨポテト
28　ポテトサラダ
30　ハニーマスタードマヨでホットなサラダ
31　ごまマヨだれでホットなサラダ
32　ジャーマンポテト
33　カレー味ポテト
34　から揚げポテト
35　里いものから揚げ
36　さつまいものから揚げ
37　さつまいものハニーマスタードマヨあえ
　　さつまいもスティック 塩バター砂糖味
38　カレーマヨで粉ふきいも
39　チーズカレー味の粉ふきいも
　　粉ふきいもwith粉チーズと黒こしょう
40　キャベツチーズ入りジャパニーズハッシュドポテト
42　削り節で和な豚肉たまご炒め

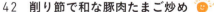

45 炭水化物が大好き

- 46 たまごだけの天津飯 甘ぽん酢あん
- 48 だし巻きたまご味の明太たまご丼
- 50 温泉たまごごはん
  温たま梅しらす丼
- 51 温たま豆腐丼
- 52 トマトカレー丼
- 54 天かすたまごとじ丼
- 55 豆腐の甘酢たまごとじ丼
- 56 チーズオムライス
- 58 鶏そぼろ丼
- 60 豚キムチ丼
- 61 チーズ豚キムチ丼
- 62 ソーセージ丼
- 63 酢てり焼きチキンごはん
  豚しょうが焼きごはん
- 64 酢てり焼き豆腐丼
- 66 あんかけ豚丼
- 68 アボカドツナ丼
- 69 アボカドしらす丼
- 70 青じそのごま油しょうゆ漬け
  天かすのおにぎり　梅干しのおにぎり
- 72 具だくさん炊き込みごはん
- 74 ごはんピザ
- 76 トマトソースで簡単ドリア
- 77 トマトソースでチーズたまご
- 78 クリーミーな明太子スパゲッティ
- 80 枝豆入りツナおろしスパゲッティ
- 82 ゆでたまごのたまごサンド
- 84 たまご焼きのたまごサンド
- 86 ハムとチーズの塩フレンチトースト
- 87 チーズ入りフレンチトースト
- 88 メロンパンなトースト
- 89 なんちゃってクリームパン

91 野菜も大好き

- 92 ゆでたまごと玉ねぎでおつまみサラダ
- 93 焼肉屋のおつまみキャベツ
  簡単たたききゅうり
- 94 マヨなしコールスロー
- 95 カレー味のコールスロー
- 96 トマトサラダ
- 97 ツナきゅうり
  梅干しあえキャベツ
  キャベツと塩昆布あえたやつ
  きゅうりの梅しそ昆布あえ
- 98 ブロッコリーとゆでたまごの和なサラダ
- 99 小松菜のおひたしwithゆでたまご
  小松菜のツナサラダ
  スナップえんどうナムル
  おつまみオクラ
- 100 トマトと玉ねぎのマリネサラダ
- 102 ハムと野菜のマリネサラダ
- 103 夏野菜のはちみつマリネサラダ
  トマトときゅうりのマリネサラダ
  きゅうりサラダ
- 104 ドレッシング6種
  しょうがドレッシング
  春雨サラダ味のドレッシング
  めんつゆわさびドレッシング
- 105 梅干しドレッシング
  ごまドレッシング
  フレンチドレッシング

106	6つのドレッシングで作るふだんのおすすめサラダ
	大根サラダ
	もやしサラダ
	長いもとアボカドのサラダ
107	豆腐サラダ
	キャベツとブロッコリーのサラダ
	スナップえんどうとトマトのサラダ
108	シーザーサラダ
110	ハニーマスタードドレッシングでサラダ
111	たこサラダ
112	甘酢なす
113	甘酢でなすの焼きびたし
114	なすとにらでてり焼き炒め
115	さささっとてり焼きたけのこ
	厚揚げの甘ぽん酢てり焼き
116	大根とベーコンのにんにくバターしょうゆ炒め
117	はちみつバターかぼちゃ
118	野菜のマスタードチーズ焼き
120	枝豆とコーンで焼きチーズ
	ねぎまのねぎだけ
121	焼きピーマン
	にんじんステーキ
122	かぼちゃの粉チーズ焼き
	焼きなす with オクラぽん酢だれ
123	長いもバターしょうゆ
	まるごと新玉ねぎグリル
	しめじの粉チーズ焼き
124	たまごスープ トマト入り
	新玉ねぎでたまごスープ
	にんじんスープ
125	さつまいものミルクスープ
	キャベツのスープ
	酸辣湯

126	トマト缶で簡単なスープ たまご入り
	ありもの野菜のスープ
	かぼちゃのミルクスープ カレー味
127	じゃがいもミルクチーズスープ
	トマト缶で簡単スープごはん

コラム

44	スキレットのお手入れ
90	米とパンの保存の仕方

小コラム

12	スキレット
21	にんにくは冷凍保存
27	マスタードは2種類合わせて使います
29	ゆでたまご
34	から揚げ粉
48	ご飯
51	温泉たまご
53	トマトの水煮缶
62	目玉焼き 味たま
70	青じその保存法
77	トマトソース
81	炒め玉ねぎを冷凍保存
116	大根の葉っぱ

デザイン・イラスト	片桐直美（notes）
撮影	鈴木泰介
	Tesshi（@tmytsm）
調理アシスタント	鈴木綾子
校正	麦秋アートセンター
英語校正	山本 航
	Tesshi（@tmytsm）
DTP	メルシング
	キックグラフィックス
編集	春日井富喜

大好きな
卵、チーズ、じゃがいもで
Eggs, Cheese and Potatoes!

「おいしいものは、脂肪と糖でできている」いつかのCM、まさに最高のキャッチコピーですよね！ 食べたいときに食べたいものを好きに食べるしあわせ。ごはんのおかずに、おつまみに、おやつに、うちでくり返し作っている、卵とチーズ、チーズとじゃがいも、じゃがいもにマヨネーズなどの、飯テロレシピを紹介します。

チーズたまご焼き＝フリッタータ、一応これ、うちではイタリアン扱いです。

近所のイタリアンレストランの前菜ワンプレートにフリッタータがひと切れ必ずのってるんです。それがもう本当においしくて。なのに、フリッタータって料理は見た目が地味なんですかね、家族の食いつきを意識しているうちに、チーズを中に混ぜ込まずどーんと上にのせて焼くスタイルになりました。スキレットで作るチーズたまご焼き＝フリッタータはとにかく具だくさん。こんがり焼いてめしあがれ！

みんなの大好きがひとつになったよ

じゃがいもとベーコンのチーズたまご焼き

Frittata with Bacon and Potatoes

スキレットで出される料理って何だかテンション上がりますよね。熱々を切り分けてほおばる、この上なく、しあわせなひとときが過ごせそうです。じゃがいも、ベーコン、チーズ、卵、これはもう材料を見ただけでおいしいって想像できる。冷めてもおいしいのでお弁当にもぴったり。お酒にも合います。具と一緒にチーズを混ぜ込んでフライパンで両面を焼く方法でも作れます。

材料（直径16cmのスキレット1個分）

卵液（混ぜ合わせる）
- 卵…3個
- 牛乳…大さじ1

具の材料
- じゃがいも…2個（200g）→ 皮をむいて1.5cm角に切る
- ベーコン（ブロック）…40〜50g → じゃがいもと同じくらいの大きさに切る
- 玉ねぎ…¼個 → 粗みじん切り

オリーブ油…大さじ1
バター…ひとかけら
塩こしょう…少々

シュレッドチーズ…ひとつかみ

作り方

Stir-fry

Pour the egg mixture

1 フライパンにオリーブ油をひいて具の材料を入れ、じゃがいもと玉ねぎとベーコンに焼き色がつくまでじっくり炒め、塩こしょうする。

2 スキレットにバターを入れて熱し、溶けかかってきたら卵液を一気に入れる。

スキレット
Skillet

アメリカやイギリスの料理番組でたびたび目にしていつか買いたいと思っていましたが、いざ手に取ってみたらこの世の果てかってくらい重かったので、小さめのものを2個試しに買いました。スキレットのまま食卓に並べるとおしゃれでおいしそうに見えるので、鉄板ナポリタンやアヒージョなどにも使っています。

Add ingredients

3 外側がかたまってきたら**1**を入れ、火を止める。

Bake

4 チーズをたっぷりとのせ、魚焼きグリルかオーブントースターで焼く。

Finished

こんがりとした焼き色がつき、卵に火が通って表面に弾力が出たらでき上がり。

卵に豆腐を混ぜてふるふるに
豆腐のチーズたまご焼き
Tofu Frittata

たまにはヘルシーアピールを、ということで冷蔵庫にあった豆腐を使って作ってみました。これが思いのほか大成功。ふるふるとした、やさしい口当たりに、コーンの甘みとチーズの塩気がとてもよく合います。豆腐から出てくる水分もまた、ちょうどいい感じのスープになって味わい深いです。フライパンで具を炒めて、グラタン皿などの耐熱容器でも作れます。

材料 （直径16cmのスキレット1個分）

卵液
- 卵…1個
- 豆腐…½丁（150g）
- 牛乳…50ml

具の材料
- コーン（冷凍）…大さじ3
- ソーセージ…1本
- 玉ねぎ…¼個
- しめじ…50g

→ コーンと同じくらいの大きさに切る

- オリーブ油…大さじ1
- 塩こしょう…少々

シュレッドチーズ…ひとつかみ

作り方

1. スキレットにオリーブ油を熱し、具の材料を入れ、ソーセージにこんがりと焼き色がつくまで炒め、塩こしょうする。
2. ボウルなどに卵液の材料を入れ、泡立て器で混ぜ合わせる（A〜C）。
3. 1を平らに広げたところに2を流し入れる（D）。
4. スキレットを魚焼きグリルかオーブントースターに移し、チーズをのせ（E）、アルミホイルをかぶせて焼く。
5. アルミホイルをはずして、さらに焼き色がつくまで焼く。

はじめはアルミホイルをかぶせて焼き、竹串を刺してみて卵に火が通っていたらはずす。

キャベツたっぷりでヘルシー

キャベツでチーズたまご焼き お好み焼き風

とびきりカンタン♪

Cabbage Frittata
with Okonomiyaki Savory Pancake Sauce

お好み焼きを作ろうと思ったけど、粉がない、さあどうする？ 冷蔵庫にある卵でなんとかやってみるか、ということでできた一品です。私が小学生の頃、近所のスーパーで人気爆発していたチーズ入りのお好み焼きをイメージして作りました。昔懐かしい味に仕上がっています。いかや豚肉があれば、さらに本格的な味わいに。キャベツと一緒にチーズも混ぜ込んで、フライパンで両面を焼く、ふつうの作り方でも作れます。

材料 （直径16cmのスキレット1個分）

卵液
- 卵…3個
- 牛乳…大さじ1

キャベツ … 大5枚（または¼個） → 細切り

塩こしょう…少々
油…大さじ1

シュレッドチーズ … ひとつかみ

お好み焼きソース、マヨネーズ、イエローマスタード、削り節、青のり…各適量

Start!

1

Mix eggs, milk and cabbage

2

Pour in the skillet

Finished
Add condiments

3
Add cheese and bake

作り方

1. 卵と牛乳を混ぜ合わせ、キャベツ、塩こしょうを混ぜる。
2. スキレットに油をひいて熱し、**1**を入れる。
3. チーズをのせ、魚焼きグリルかオーブントースターで焼き色がついて卵がかたまるまで焼く。
4. お好み焼きソース、マヨネーズ、イエローマスタードをかけ、削り節、青のりをふる。

材料も作り方もシンプル
簡単じゃがいもグラタン
Super Easy Potato Gratin

牛乳でじゃがいもを煮るだけでホワイトソースを作らずにグラタンができちゃうとは！ じつはこの日、スープを作る工程で、誤って水より先に牛乳を加えてしまったんです。面倒だったのでそのまま煮込んだらまさかのホワイトソースっぽいものになりました。これなら、じゃがいもをゆでずにすんで、小麦粉も必要ないのでお手軽です。味も文句なし。

材料 （直径16cmのスキレット1個分）

じゃがいも …3個（300g）
→ 皮をむいて一口大に切る

玉ねぎ…½個 → 縦に薄切り
にんにく…1片 → つぶす
オリーブ油…大さじ2
塩こしょう…少々

牛乳 …200ml
しょうゆ…たらり

シュレッドチーズ …ひとつかみ
バター…少々 → スキレットに塗る

Start!

1 Stir-fry

2 Simmer

3
Add cheese and bake

/Finished\

作り方

1. 鍋にオリーブ油、にんにく、玉ねぎを入れて炒め、玉ねぎがしんなりしたらじゃがいもを入れて炒め、塩こしょうする。
2. 牛乳を加え、弱火でときどきかき混ぜながら煮て、とろみがついたらしょうゆを加える。
3. バターを塗ったスキレットに 2 を移してチーズをのせ、魚焼きグリルかオーブントースターで焼いて、こんがりとした焼き色をつける。

じゃがいもはほっくり蒸してから炒めものやサラダに

蒸したてほくほくのじゃがいもに、ぱらっと塩をふってつまみ食いする、たまりませんね。じゃがいもは蒸して下ごしらえしてから料理に使うことが多いです。火が通っているじゃがいもを使えば、少ない油で短時間で焼くことができるので、油の後処理とコンロや換気扇のお掃除がとにかくラクになります。ここはかなり重要、その分ゆったりくつろぐ時間が増やせます。私はいつも圧力鍋で蒸していますが、電子レンジ加熱でも鍋でゆでるのでも、お好みの方法で下ごしらえしてください。

圧力鍋で蒸すときは 圧力鍋に3cm深さの水を入れ、付属のかごを置いたところにじゃがいもを並べる。ふたをして強火にかけ、圧力がかかったら弱火にして7〜8分加圧し（お使いの圧力鍋によって加圧時間は調整してください）、火を止め、自然冷却。ふたを開けるまでの時間が多少長くなっても火が入りすぎることはないので大丈夫。

電子レンジで加熱するときは 洗った皮つきのじゃがいもを濡れたまま1個ずつ、ふんわりとラップで包み、中1個100gにつき600Wで3分〜4分加熱する。取り出してそのまま余熱でしばらく放置し、中まで均一に火を通す。

ゆでるときは 皮をむいて、使う大きさに切ったじゃがいも、かぶるくらいの水、塩少々を鍋に入れ、半透明になるまでゆでて水気をきる。ゆで過ぎると、じゃがいもがくずれて扱いにくくなる（粉ふきいもになってしまう）。

熱いうちに皮をむくとつるっと皮だけがきれいにむけます。とても熱いので手に水をつけながら。

にんにく、赤唐辛子、オリーブ油のハーモニー
じゃがいもペペロンチーノ
Garlic Potatoes

いつものオイルパスタやアヒージョの味つけでじゃがいもを仕上げました。ぱらっと塩をふって熱々をどうぞ。このオイルの香りをいっぱい楽しめるよう、じゃがいもは少し小さめに切って表面積を増やすといいと思います。

材料

じゃがいも … 好きなだけ
→ 蒸して皮をむき（20ページ）、小さめの一口大に切る

にんにく … 1片 → つぶす
赤唐辛子 … 1本 → 手でちぎる
オリーブ油 … 適量
塩 … 少々

作り方

1 フライパンに深さ5mmくらいのオリーブ油、にんにく、赤唐辛子を入れて熱し、香りが立ったらじゃがいもを入れて全体にこんがりとした焼き色をつける。
2 油をきり、塩をふる。

にんにくは冷凍保存
Garlic

にんにくは、1片ずつはずしてラップで包んで冷凍保存しておけば、いつでも新鮮な状態で使えます。冷凍庫から出して少しおいて半解凍し、包丁の腹やグラスの底でぎゅっとつぶすと、薄皮がするっとむけて扱いやすいです。

粉をまぶす → 油で焼く → **味つけの材料** をからめる

この一連の流れで作ることが多いのは家族の食いつきが格段によかったから。粉をあらかじめまぶしておけば、表面がかりっと焼けてたれがからみやすくなり、味も見た目もばっちりでおすすめです。大人も子どももみんな大好きな味、これは箸が止まりませんね。味つけを変えてバリエーションを楽しんでください。

ビールがすすむ、てりてりの甘辛しょうゆ味

はちみつバターしょうゆポテト
Soy Honey Butter Glazed Potatoes

材料 （作りやすい分量）

じゃがいも … 小8個または中5個（500g）
→ 蒸して皮をむき（20ページ）、一口大に切る

片栗粉 … 適量
油 … 適量

味つけの材料
はちみつ … 大さじ1
バター … ひとかけら
しょうゆ … 大さじ2

作り方

1 じゃがいもに片栗粉をまぶす（A）。
2 フライパンに深さ5mmくらいの油を熱し、じゃがいもを入れ、表面に焼き色をつける。
3 こんがりとした色がついたら油を拭き取る（B）。
4 味つけの材料を加えて全体にからめ（C）、火を止める。

メモ 好みでにんにくと一緒に炒めても。

Variations

作り方は同じ。**味つけの材料を変えて**

てり焼きマヨポテト
Teriyaki Mayo Glazed Potatoes

味つけの材料
しょうゆ、酒、みりん … 各大さじ1
砂糖 … 大さじ½
マヨネーズ … 大さじ½～1

甘酢ポテト
Sweet and Sour Potatoes

味つけの材料
しょうゆ、砂糖、酢 … 各大さじ1

じゃがいものつぶし加減はお好みで。
私は **ざっくり派** です。

海外に想いを馳せるティーンエイジャーだった頃の自分にとって、映像の中にある料理のつけ合わせのマッシュドポテトは憧れの食べものでした。すみません、大袈裟ですね。そのマッシュドポテトにチーズをのせて焼くんですよ？ 夢叶いました。冷めてもおいしいので、メイン料理のつけ合わせやお弁当にもぴったりです。マッシュドポテトは冷凍保存もできますよ。

夢にまで見たマッシュドポテトとチーズのコラボ

マッシュドポテトのチーズ焼き
Cheesy Mashed Potatoes

材料 （直径16cmのスキレット1個分／マッシュドポテトは2回分）

マッシュドポテト（作りやすい分量）

- じゃがいも…4個（400g）
  → 蒸して皮をむく（20ページ）
- 牛乳…50〜100ml
  → 電子レンジで30秒くらい温める
- バター…ひとかけら
- 塩こしょう…少々
- ベーコン（ブロック）…30g
  → 1.5cm角に切る
- 玉ねぎ…¼個 → 粗みじん切り
- 塩こしょう…少々
- オリーブ油…大さじ1

シュレッドチーズ …ひとつかみ

作り方

1. マッシュドポテトを作る。じゃがいもは熱いうちにボウルに入れ、バター、塩こしょう、温めた牛乳（はじめは40mlくらい入れ、様子をみながらたす）を入れ、好みのなめらかさになるまでつぶしながら混ぜる（A）。
2. スキレットにオリーブ油をひいて熱し、玉ねぎとベーコンを炒め、塩こしょうする。
3. 2に1のマッシュドポテトの半量をのせて広げる（B）。
4. チーズをのせ（C）、魚焼きグリルかオーブントースターでこんがりとした焼き色がつくまで焼く。

バター風味のもっちり食感

じゃがいもチーズ餅
Potato Cheese Mochi

材料 （6個分）

- じゃがいも…4個（400g）
  → 蒸して皮をむく（20ページ）
- **A** シュレッドチーズ…ひとつかみ
  片栗粉…大さじ2
  塩こしょう…少々
- オリーブ油…大さじ1
- バター…ひとかけら

作り方

1. じゃがいもは熱いうちにボウルに入れ、ざっとつぶしたらAを加え、さらにつぶしながらしっかり混ぜる。
2. 6等分して円形にまとめる。
3. フライパンにオリーブ油を熱して2を入れ、両面をこんがりと焼く。バターを入れてからめ、香りづけして仕上げる。

はちみつ：マスタード：マヨネーズ＝ 1：1：1 で味つけ

じゃがいも料理といえばこれもうちの定番。「ハニーマスタード」という、アメリカンな響きのこの言葉に弱くって、かりっと焼いたじゃがいもに、マヨネーズも一緒にからめています。シンプルにじゃがいもだけのときもあれば、ソーセージやベーコンを合わせたり、野菜を入れて彩りよくしたり、その日にある材料や気分によって形を変えてたびたび登場します。

マスタードは2種類合わせて使います
Mustard

ディジョンマスタードのキレのあるさわやかな酸味と辛み、粒マスタードのぷちぷち。そうなんです、どっちもやめられないんです。よくばりさんはぜひ2種類合わせて使ってみてください。

ハニーマスタードという言葉に弱いの
ハニーマスタードマヨポテト
Honey Mustard Mayo Warm Potato Salad

とびきりカンタン♪

材料 （作りやすい分量）

じゃがいも …4個（400g）
→ 蒸して皮をむき（20ページ）、一口大に切る

オリーブ油…大さじ1

味つけの材料
　はちみつ…大さじ1
　マスタード（ディジョンマスタード、粒マスタード）…合わせて大さじ1
　マヨネーズ…大さじ1

作り方

1 フライパンにオリーブ油を熱し、じゃがいもを入れ、全体に焼き色をつける。
2 味つけの材料を加えて全体にからめて火を止める。

Variations

がっつり食べたいときは
ソーセージとベーコンも炒めて

とびきりカンタン♪

じゃがいもと一緒に**ソーセージ**と**ベーコン**もこんがりと焼き色をつけ、同様に味つけします。最後に鍋肌から**しょうゆ**たらりで香ばしい香りをつけても。写真はソーセージとベーコン2種類を使いましたが、どちらか1種類だけでもおいしいです。

ベーコンとブロッコリーをたして
彩り豊かに

とびきりカンタン♪

じゃがいもは角切りにした**ベーコン**と薄切りにした**玉ねぎ**と一緒にこんがりと焼いて、塩ゆでして小さめの小房に分けた**ブロッコリー**を入れてひと炒めして、同様に味つけします。

うちの ポテトサラダ は たまごサラダかもしれない

ポテトサラダなのかたまごサラダなのか、ここまできたらもうどっちでも構いません。ポテトサラダは一般的に「ポテサラ」と略されるほど親しみのある料理なのに、メインディッシュにしては物足りない、料理のつけ合わせにしては作る手間がかかる。こんな微妙な立ち位置の最高の一品ってほかにあるんでしょうか。そんなポテサラが私は大好きです。

じゃがいもが熱いうちに調味酢を加えて下味をつけておくと、味がぐっとしまっておいしくなります。つぶし加減はお好みで。家族はなめらか派ですが、私は断然ごろごろ派。半々くらいにつぶし、自分用には塊を選んで取り分けるのが定番になっています。ゆでたまごはナイフで切り込みを入れて手で割っています。割り口に光が反射してすごくおいしそうにみえると思います。

えびを入れればちょっとごちそう
ポテトサラダ
Potato Salad with Shrimps and Eggs

材料 （作りやすい分量）

- **じゃがいも** … 5個（500g） → 蒸して皮をむく（20ページ）
- **ゆでたまご** … 2個 → 殻をむいて大きめにざっくり割る
- **えび** … 6尾 → 背わたがあれば除いて塩ゆでする
- 玉ねぎ … ½個 → 縦に薄切りにし、好みで水にさらして水気をきる
- コーン（冷凍）… ½カップ → ゆでる
- ブロッコリー … 5〜6房 → 塩ゆでして食べやすい大きさに切る

味つけの材料

- 調味酢 … 大さじ1
- 塩こしょう … 少々
- マヨネーズ … 大さじ6〜8
- 青じそドレッシング（または ぽん酢しょうゆ、めんつゆ、お好みのドレッシング）… 適宜

作り方

1. じゃがいもは熱いうちにボウルに入れ、調味酢、塩こしょうをふり、混ぜながらざっくりとつぶす。粗熱がとれたらマヨネーズを加えて混ぜる。全体がかたいときには、青じそドレッシングを加えてちょうどいいやわらかさにする。
2. 1にそのほかのすべての材料を入れ、混ぜる。

黄身がねっとり

ゆでたまご
Boiled Eggs

冷蔵庫から出したての卵を使います。鍋に卵と水を入れてから火にかけるので、ちびっ子にも安全なゆで方だと思います。私はいつもタイマーは早めの6分でセットし、タイマーが鳴ってから氷水を用意しています。

材料
卵（冷蔵庫から出してすぐのもの）… 2個

> 沸騰したら弱火にして6分30秒

1. 小鍋に卵とかぶるくらいの水を入れ、火にかける。

2. 沸騰したら弱火にして、6分30秒（夏は6分20秒、冬なら6分40秒）ゆでる。

3. 卵を氷水に入れて急冷する。卵をすくった杓子などでたたいて殻全体にひびを入れる。

4. 殻をむき、ナイフで切り込みを入れて、ざっくりと手で大きめに割る。

ポテサラ焼いたことありますか

ハニーマスタードマヨで ホットなサラダ

Broiled Egg and Potato Salad with Honey Mustard Mayo Sauce

そのまま食べられるポテトサラダを、アルミホイルに広げて焼いて温めます。これがまた違った味わいになっておいしいんですよ。根菜などの半端野菜も加えて豪華な一品にするのもいいですね。フライパンで炒めても同じようにできます。

材料 (2人分)

じゃがいも…3個(300g)
→ 蒸して皮をむき(20ページ)、一口大に切る

ゆでたまご(29ページ)…2個
→ 殻をむいてざっくり大きめに割る

ブロッコリー…5〜6房
→ 塩ゆでして食べやすい大きさに切る

ハニーマスタードマヨソース(混ぜ合わせる)
　はちみつ…大さじ1
　マスタード(ディジョンマスタード、粒マスタード)
　　…合わせて大さじ1
　マヨネーズ…大さじ1
しょうゆ…たらり

作り方

1 ボウルにじゃがいも、ゆでたまご、ブロッコリーを入れ、ハニーマスタードマヨネーズをざっくり混ぜ合わせる(A、B)。

2 アルミホイルに広げてのせ、魚焼きグリルかオーブントースターで焼いて温め、しょうゆを回しかける。

↓

きのこがよく合う和風味
ごまマヨだれで ホットなサラダ
Broiled Egg and Potato Salad with Sesame Mayo Sauce

きのこをおいしく食べられるとしあわせな気持ちになりますね。それを大好きなじゃがいもとゆでたまごと合わせました。このごまマヨだれは、大根やにんじんなどの野菜スティックのディップソースや、サラダのドレッシングとしても活用できます。

材料 （2人分）

- **じゃがいも**…3個（300g）
    → 蒸して皮をむき（20ページ）、一口大に切る
- **ゆでたまご**（29ページ）…2個
    → 殻をむいてざっくり大きめに割る
- **しめじ**…1パック（100g）
    → ほぐして耐熱皿に入れ、ふんわりとラップをかけ、電子レンジで2分加熱する
- **ごまマヨだれ**（混ぜ合わせる）
    | マヨネーズ…大さじ3
    | 白すりごま…大さじ1
    | しょうゆ、砂糖…各小さじ1
    | 酢、ごま油…各小さじ½
    | 塩こしょう、（好みで）おろしにんにく…各少々

作り方

1. ボウルにじゃがいも、ゆでたまご、しめじを入れ、ごまマヨだれをざっくり混ぜ合わせる（A、B）。
2. アルミホイルに広げてのせ、魚焼きグリルかオーブントースターで焼いて温める。

焼ききのこの香り、しょうゆの香ばしさがたまらない。

これぞじゃがいも料理の
チャンピオン

ジャーマンポテト

Stir-fried Potatoes

すっかりおなじみのジャーマンポテトですが、ベーコンとソーセージを両方使うのがこだわりです。男しゃく系のじゃがいもがちょっと煮くずれてほかの具にまとわりつく感じが大好きなんですけど、お好みのじゃがいもを使っていただければと思います。かくし味にしょうゆたらりで味に深みを出せば、ジャパニーズジャーマンポテトのでき上がり。乾杯！

材料（2人分）

じゃがいも…2個（200g）
→蒸して皮をむき（20ページ）、一口大に切る

ベーコン（ブロック）…50g
→1cm角の棒状に切る

ソーセージ…3本
→1本を3つくらいに斜め切り

玉ねぎ…¼個 → 2cm四方に切る
にんにく…1片 → つぶす
オリーブ油…大さじ1

味つけの材料

マスタード（ディジョンマスタード、粒マスタード）
…合わせて大さじ1
しょうゆ…たらり
塩こしょう…少々

作り方

1 フライパンにオリーブ油、にんにくを入れて火にかけ、香りが立ったら玉ねぎ、ベーコン、ソーセージ、じゃがいもを入れて炒める。

2 ソーセージ、ベーコン、じゃがいもに薄い焼き色がついたら、味つけの材料を加えてからめる。

カレー粉＋
めんつゆ推し

カレー味ポテト
Curried Potatoes

カレー粉を使うときには、めんつゆも合わせて使っています。元々はうどん屋さん、蕎麦屋さんのおだしがきいたカレーうどんからヒントを得ました。最初にカレーうどんを考案された方に感謝です。かつおだしとスパイシーなカレーのおいしい香りが部屋いっぱいに広がって、思わずビールが飲みたくなりますね。粉チーズを追加するのもおすすめです。

■ 材料 （作りやすい分量）

じゃがいも…4個（400g）
→ 蒸して皮をむき（20ページ）、一口大に切る

オリーブ油…適量

味つけの材料
| カレー粉…大さじ½
| めんつゆ…大さじ1

■ 作り方

1 フライパンに深さ5mmくらいのオリーブ油を熱し、じゃがいもを入れて全体にこんがりとした色がつくまで焼く。
2 フライパンの油を拭き取り、味つけの材料を加えてからめる。

こんがり焼けたら、フライパンの余分な油を拭き取るのがポイント。

33

ほくほく ポテトのごちそうから揚げ

昔、スーパーでから揚げ粉の試食販売員の方に「鶏肉だけじゃなくてね、おいもとか玉ねぎにも使うとおいしいんだよ」って教えてもらったんです。目からうろこでした。それ以来、から揚げ粉を使っていろんな野菜にまぶして作るようになりました。本来の使い道である鶏のから揚げには使っていませんけどね。教えてもらった、いも類や玉ねぎ、ごぼうやれんこん、きのこ類、ちくわやかまぼこなど、アイデア次第で無限に楽しめると思います。

から揚げ粉をまぶすだけ
から揚げポテト
とびきりカンタン♪

Fried Potatoes
with Japanese Fried Chicken
Seasoning Mix

材料

じゃがいも…好きなだけ
→ 蒸して皮をむき（20ページ）、一口大に切る

から揚げ粉…適量
油…適量

作り方

1 じゃがいもにから揚げ粉をまぶす。
2 フライパンに深さ1cmくらいの油を熱し、1を入れてこんがりとした色がつくまで揚げ焼きにする。

から揚げ粉
Japanese fried chicken seasoning mix

から揚げ用の味のついたころも用の粉。まぶして揚げるだけで味が決まる万能調味料。今は売り場にはたくさんの種類のから揚げ粉が並んでいるので、これからいろいろ試していきたいです。

じゃがいもと同じ要領で作る
里いものから揚げ
Fried Satoimo Taro

いも類のから揚げは食べごたえがあっておすすめです。じゃがいも同様、里いももあらかじめ蒸して下ごしらえしておけば、少ない油でさっと揚げ焼きできます。どうしても下ごしらえが面倒なときは、少し薄くて細いスティック状に切って、早く火が通るよう工夫しています。熱々をはふはふほおばって。冷めてもおいしいです。

里いもも、じゃがいも同様、皮をよく洗って、皮がついたまま圧力鍋で蒸して使います。熱いうちなら、つるっと簡単に皮がむけます。あとは左の「から揚げポテト」と同じ作り方です。

食べだしたら止まらない ほっこり、甘じょっぱい、さつまいも

さつまいもは、ほくほく系もねっとり系もどっちも大好きです。最近のさつまいもはとにかく甘くておいしいですよね。蒸したてを何もつけずにそのまま食べることがほとんどですが、少し手をかけて作るのも楽しいです。さつまいも自体に甘みがあるので、ほんのちょっとの塩気がとてもよく合います。皮の食感が気になる場合はむいて作っていただければと思います。

シンプルな塩味で大満足

さつまいもの から揚げ
Fried Karaage Sweet Potatoes

とびきりカンタン♪

材料

さつまいも … 好きなだけ
→ 1cm角、4〜5cm長さの棒状に切る

片栗粉…適量
塩…適量
油…適量

作り方

1. さつまいもに片栗粉をまぶして、塩少々をぱらりとふる(A)。
2. フライパンに深さ1cmくらいの油を熱し、1を入れて表面がかりっとするまで揚げる(B)。油をきって塩をぱらりとふる。

↓

さつまいもにもハニーマスタード
マヨ味がよく合います

とびきりカンタン♪

さつまいもの ハニーマスタード マヨあえ

Sweet Potato Salad
with Honey Mustard Mayo

材料 （作りやすい分量）

- **さつまいも** …2本（400g）
- **味つけの材料**
  - マヨネーズ…大さじ1～2
  - マスタード（ディジョンマスタード、粒マスタード）…合わせて大さじ½
  - はちみつ…小さじ1　塩こしょう…少々

作り方

1. さつまいもは、蒸すか電子レンジで加熱してから一口大に切るか、一口大に切ってかぶるくらいの水を入れてから火にかけてゆでる。
2. 1に味つけの材料を加えてあえる。

じゃりじゃりの食感がたまらない

さつまいも スティック 塩バター砂糖味

Stir-fried Sweet Potatoes Seasoned
with Salted Butter Sugar

材料 （作りやすい分量）

- **さつまいも** …2本（400g） → 細長い乱切り
- オリーブ油…大さじ1～2
- **砂糖**…大さじ2
- **バター**…ひとかけら
- **塩**…ひとつまみ

作り方

1. さつまいもを耐熱皿にのせ、ラップをかけて電子レンジで4分くらい加熱する（A）。
2. フライパンにオリーブ油、さつまいもを入れて焼き、こんがりとした焼き色がついたら火を止める。
3. 砂糖、バター、塩を加え（B）、全体にからめる。

37

しっとり、ほっくり、粉ふきいもをいろんな味で

小学校の調理実習で最初に作る粉ふきいも。なんのひねりもないシンプルな塩味だけの粉ふきいもでしたが、それがもう格別においしくて。家に帰ってまたすぐ作って食べた記憶があります。粉ふきいもには男しゃく系のじゃがいもがおすすめ。程よいくずれ加減が食欲をそそります。青のり味、塩昆布味、明太バター味、塩辛味など、バリエーションを考えるのも楽しいです。

大人も子どもも大好きな味

カレーマヨで粉ふきいも

Fluffy Potatoes with Curry Powder and Mayo

材料 (作りやすい分量)

じゃがいも…3個 (300g)
塩…少々

味つけの材料 (混ぜ合わせる)
- マヨネーズ…大さじ1
- カレー粉…小さじ1
- めんつゆ…大さじ½
- 塩こしょう…少々

作り方

1 じゃがいもは皮をむいて一口大に切る。鍋に入れてかぶるくらいの水と塩を入れてゆでる(A)。火が通ったら湯を捨て、弱火にかけて鍋をゆすり、粉ふきいもにする(B)。

2 1に味つけの材料を混ぜ合わせる(C)。

 A →  B →  C

チーズ好きにはたまらない
チーズカレー味の粉ふきいも
Fluffy Potatoes with Curry Powder and Parmigiano Reggiano

粉ふきいもにカレー粉と一緒にすりおろしたパルミジャーノ・レッジャーノを混ぜ、黒こしょうをきかせます。仕上げにもパルミジャーノ・レッジャーノのすりおろしを好きなだけふりかけて。

味つけの材料
- パルミジャーノ・レッジャーノ…大さじ2
- カレー粉…小さじ1
- 塩…少々
- 粗びき黒こしょう…好きなだけ

ついまた食べたくなる味
粉ふきいもwith粉チーズと黒こしょう
Fluffy Potatoes with Parmesan and Black Pepper

粉ふきいもに、粉チーズと粗びき黒こしょうをふり、全体に混ぜるだけなので、思い立ったときにすぐにできます。仕上げにも粉チーズをたっぷり。

味つけの材料
- 粉チーズ…大さじ2
- 粗びき黒こしょう…好きなだけ

キャベツであっさり、チーズでこってり?

キャベツチーズ入り
ジャパニーズハッシュドポテト

Japanese Hash Browns
with Cabbage and Cheese

ハッシュドポテトにキャベツとチーズを入れた一品。キャベツで全体を軽い味わいにしつつチーズでボリュームを追加。結局のところプラマイゼロでしたね。そのままでもおいしいですが、ぽん酢しょうゆをつけながら食べるのがおすすめです。ひっくり返す自信のある方はぜひフライパンいっぱいに大きく焼いてください。

材料 (作りやすい分量)

卵 … 1個
じゃがいも … 3個 (300g)
  → 皮をむいてスライサーでせん切りにする
キャベツ … 3枚 → 細切り
シュレッドチーズ … ひとつかみ
薄力粉 (または片栗粉) … 大さじ3
塩こしょう … 少々
オリーブ油 … 適量
ぽん酢しょうゆ … 適量

Start! 1 Add all ingredients

2 Mix together

40

/Finished/

3 Cook

Dip into Ponzu sauce

作り方

1. 卵を割って粉、塩こしょうを混ぜる。
2. じゃがいも、キャベツ、チーズを加えて混ぜる。
3. フライパンにオリーブ油を熱して 1 を 1/8 量ずつスプーンで円形に広げ、両面をこんがりと焼く。ぽん酢しょうゆをつけながら食べる。

Start! **1** Stir-fry garlic and pork

2 Add cabbage, Katsuobushi and soy sauce

にんにくと削り節がいい仕事してくれます

削り節で和な豚肉たまご炒め

Japanese Stir-fried Pork Seasoned with Katsuobushi

とびきりカンタン♪

シンプルな炒めものですが、にんにくと削り節、しょうゆたらりで深い味わいに。卵は溶かずにそのままフライパンに落とし入れました。黄身と白身が混ざり合っていないところが、ちょっと目玉焼きをくずしたような感じになり、それもまたおいしいんですよね。

材 料（2人分）

豚こま切れ肉…100g
キャベツ…大2枚 → ざく切り
卵…3個
にんにく…1片 → つぶす
油…大さじ1
削り節…1袋＋（仕上げ用）好きなだけ
しょうゆ…たらり
塩こしょう…少々

3 Crack eggs

Finished

Sprinkle Katsuobushi

作り方

1. フライパンに油とにんにくを入れて熱し、香りが立ったら豚肉を加えて炒める。
2. 豚肉の色が変わったらキャベツを入れて炒め、削り節としょうゆを入れる。
3. 卵を落とし入れて炒め、塩こしょうをふる。
4. 卵に火が通ったら火を止め、削り節をふる。

スキレットのお手入れ

お気に入りの台所と道具をずっと気持ちよく使いたいから、料理をしたら、使った調理道具を洗って、元の状態に戻すところまで、毎日自然にからだが動いています。

Skillet
スキレットは、洗って乾かし、油を塗ってからしまいます

1　使い終わったスキレットは、いっぱいまで水を入れます。

2　水を入れたらすぐ、スキレットを火にかけて煮立てます。

3　火を止めたら熱いうちに流し台に移し、こびりついている部分をこすってはがします。

4　くっついていたものがはがれたら、スポンジたわしでこすって、残っている汚れを洗い流します。

5　水気を拭いて通気性のいい所に置いて乾かし、スキレットが完全に乾いてから、しまう直前に内側に油を薄く塗ります。

Gas Stove
ガスコンロは、使うたびに拭きます

ガスコンロの汚れは、使い終わったらなるべく早く、できれば熱の余韻があるうちに布巾でさっと拭いています。派手に汚したときは、洗剤を含ませたスポンジで油汚れを落としてから水拭きします。早めに拭き取ることで、においも残りにくく、次に使うときに気持ちよく料理ができます。

Cast Iron Pot

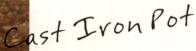

琺瑯の鍋は、ふたもきれいに洗います

琺瑯の鍋は、ねじで留めてあるふたの取っ手をはずし、細部まで洗い、完全に乾いてから取っ手を元に戻しておけば、ずっときれいな状態で使うことができます。

炭水化物が大好き

We Love Carbs!

ひとりごはんに、お酒のあとの締めに、おなかのすいているときに、朝ごはん、昼ごはん、夕ごはん、夜食など、家にある材料ですぐにできる、ご飯、パスタ、食パンのおすすめレシピをご紹介。炭水化物ががっつり食べたいときに、満足できるものばかりです。

卵とご飯があればぜいたくなごはんに

私の卵好きは言うまでもありませんが、ふわとろの半熟状に焼いてご飯の上にのせる、このシンプルな天津飯は特に好きで、ものすごい勢いでかき込んで食べています。もしかしてこれは飲みものなのでしょうか、ほとんど噛まずに完食です。たまご焼きには、かにかま、しいたけ、ねぎなどの具を入れて作るときもありますが、たまごだけでも十分満足できます。そのときの気分に合わせてあんのバリエーションを楽しんでいただければと思います。

ふわとろたまごに、ぽん酢しょうゆで作ったあんをたっぷりかけて

たまごだけの天津飯 甘ぽん酢あん

Fluffy and Runny Omelette Rice Bowl with Starchy Sweet Ponzu Sauce

材料 （1人分／甘ぽん酢あんは2人分）

温かいご飯
　… 茶碗1杯分

卵液
　卵 … 3個
　水 … 大さじ1
　塩こしょう … 少々

油 … 大さじ½

甘ぽん酢あん（2人分）
　ぽん酢しょうゆ … 大さじ3
　砂糖、片栗粉 … 各大さじ1
　中華風スープの素 … 大さじ½
　ごま油 … 大さじ½
　水 … 150mℓ

作り方

1. あんを作る。小鍋にすべての材料を入れてかき混ぜてから火にかけ、ひたすら混ぜながら、とろみがつくまで温める（A）。
2. 卵を割って（B）、水、塩こしょうを加え、溶きほぐす。フライパンに油をよく熱し、卵液を流し入れて箸で大きく混ぜながら半熟状に火を通す（C）。
3. ご飯に2をのせ、1をかける。

Variations
違う味のあんもおすすめ

どの味のあんも作り方は上の「甘ぽん酢あん」とまったく同じです。あんの材料はすべて2人分です。

中華風オムライス?
ケチャップあん
ケチャップ … 大さじ2
酢、砂糖、酒 … 各大さじ½
しょうゆ … 少々
中華風スープの素 … 大さじ½
ごま油 … 大さじ½
片栗粉 … 大さじ1
水 … 180mℓ

甘酢じゃない関西風
しょうゆあん
しょうゆ … 大さじ½
酒 … 大さじ1
中華風スープの素 … 大さじ½
ごま油 … 大さじ½
片栗粉 … 大さじ1
水 … 180mℓ

甘酢あんをしょうゆで作りたいときに
ふつうの甘酢あん
しょうゆ … 大さじ½
酢、酒 … 各大さじ1
砂糖 … 大さじ½
中華風スープの素 … 大さじ½
ごま油 … 大さじ½
片栗粉 … 大さじ1
水 … 180mℓ

だし巻きたまごを味わっている気分に

だし巻きたまご味の明太たまご丼
Japanese Omelette Rice Bowl with Mentaiko and Grated Daikon Radish

よくある居酒屋メニューの明太だし巻きたまごを、明太子を巻かずに卵を焼いてご飯にのせてしまいました。大根おろしも添えてしょうゆもたらして。ここは居酒屋か？ 完璧です。味も文句なし。こういう遊び心をいつまでも忘れない人間でありたいな、と常々思っています。

材料 (1人分)

温かいご飯 … 茶碗1杯分
卵液
　卵 … 3個
　だし汁 … 大さじ3
　しょうゆ、砂糖 … 各大さじ½
　塩 … ひとつまみ
油 … 大さじ½
明太子 … 好みの量
大根 … 3cmくらい
しょうゆ … 適量

作り方

1. 大根をすりおろす（A）。
2. 卵液の材料を混ぜ合わせる（B）。
3. フライパンに油を入れてよく熱し、卵液を流し入れて（C）箸で大きく混ぜながら半熟状に火を通す（D）。
4. ご飯に3、明太子、大根おろしをのせ、しょうゆをかける。

ご飯
Rice

ふだんのご飯は鍋で炊いています。蓄熱調理ができる土鍋（best pot ベストポット）は沸騰後火を止め、余熱で炊ける優れもの。杓文字は大久保ハウス木工舎の栗の杓文字。お気に入りすぎて、ご飯用、炒めもの用、トマトソース用など数本所有。

お米を炊くとき、2合につきこめ油小さじ½程度を入れて炊くと、ふっくらつやつやなご飯に。

温泉たまご
さえあれば、満足。

日本発祥の温泉たまご、こんなすばらしい卵の食べ方を最初に思いついた当時の温泉街の方々に感謝します。生卵の透明な白身がちょっと苦手な自分にとって、温泉たまごは神のような存在。海外に住む方々から「作り方教えて」とコメントをいただく機会も増えました。温泉たまごさえあれば、のせるだけの超簡単丼がいつでも食べられます。温泉たまご最高！

わさびを添えるのをお忘れなく
温泉たまごごはん
Onsen Tamago on Rice

材料（1人分）

温かいご飯 … 茶碗1杯分
温泉たまご … 1個
薬味
　長ねぎ（小口切り）、
　焼きのり（ちぎる）、
　削り節、白いりごま、
　… 各適量
練りわさび … 好みの量
ごま油、しょうゆ … たらり

作り方

ご飯の上に薬味をちらし、ごま油をたらし、温泉たまごをのせる。わさびを添え、しょうゆをかける。

卵をからめて梅しらすを味わいつくして
温たま梅しらす丼
Umeboshi and Shirasu Rice Bowl with Onsen Tamago

材料（1人分）

温かいご飯 … 茶碗1杯分
しらす … 大さじ3
温泉たまご … 1個
A　梅干し（中）… 1〜2個
　　→種を除いてちぎる
　　白いりごま … 小さじ1
青じそ … 2枚 → 細切り
しょうゆ … たらり

作り方

しらすにAを混ぜてご飯の上にのせ、温泉たまごをのせ、青じそをちらし、しょうゆをかける。

熱々ご飯に
豆腐をどーんとのせて

温たま豆腐丼
Tofu Rice Bowl
with Onsen Tamago

材料（1人分）

温かいご飯 … 茶碗1杯分
豆腐 … ¼丁（75g）
温泉たまご … 1個
薬味
　｜ 天かす、小ねぎ（小口切り）、白いりごま … 各適量
しょうゆ（またはめんつゆ） … たらり
ごま油 … たらり

作り方

ご飯の上に豆腐をスプーンですくってのせ、薬味をちらし、温泉たまごをのせる。さらに薬味をちらし、しょうゆかめんつゆ、ごま油をかける。

 韓国の甘酢入りコチュジャン（チョジャン）を添えるのもおすすめ。

黄身が
とろーり

温泉たまご
Onsen Tamago

黄身のとろりとした感じが理想的な温泉たまごが安定して作れるようになるまで、どれほどの年月を要したことか。やっと形になりました。厚手の鍋がない場合は火からおろしたら、鍋をタオルで包んで保温するといいです。

材料
卵（冷蔵庫から出してすぐのもの）… 2個

1. 厚手の鍋に湯1ℓを沸かし、沸騰したら火を止め、水300mℓを入れる。
※卵が4個なら200mℓを入れる。

2. 1の鍋に静かに卵を入れる。

火からおろして15分おく

3. ふたをして火からおろし、15分おく。卵を冷水に入れて冷やす。

51

カレーはちょっと和風が家族の好み。たまごをのせて丼に

トマトカレー丼
Tomato Curry and Rice Bowl with Egg

カレールウで作るカレーはやっぱり家族みんなのお気に入り。味のベースになるカレールウを使いながらも、そこに少しオリジナルの味つけをたしてスペシャルカレーっぽく仕上げるのが腕の見せどころです。昔ながらの慣れ親しんだ調味料で工夫するのも重要、毎日のごはんに奇抜さは求められていませんからね。お好みのたまごをのせてめしあがれ。

材料 （3〜4人分）

温かいご飯 … どんぶり3〜4杯分
豚こま切れ肉 … 200g
なす … 1本 → 厚さ5mm、一口大に切る
トマトの水煮缶 … 1缶 (400g)

A ┃ 玉ねぎ … ½個
　 ┃ にんじん … ½本 → 粗みじん切り

　 ┃ にんにく … 1片
　 ┃ しょうが … 1かけ → みじん切りかすりおろし（チューブでもよい）

B ┃ カレールウ … 4皿分 → ざっと刻む
　 ┃ ケチャップ、中濃ソース … 各大さじ1
　 ┃ しょうゆ … 大さじ½

オリーブ油 … 大さじ1〜2
温泉たまご（または目玉焼き、ゆでたまご、生たまご、いりたまごなど）
　　… 3〜4個分

作り方

1. Bを合わせておく。
2. 鍋にオリーブ油、Aを入れてじっくり炒め（A）、豚肉、なすを加えて炒め（B）、トマト缶を加える（C）。
3. トマトをつぶしながら火を通し、Bを加えて混ぜ（D）、ふたをして弱火で調味料がなじむまで煮る。とろみが強ければ水適量を加えて調整する。
4. 器にご飯を盛って3をかけ、温泉たまごをのせる。

トマトの水煮缶
Canned Tomatoes

トマトの水煮缶に特別なこだわりはないのですが、トマトの形も缶のデザインもかわいいチェリートマト缶（モンテベッロ ダッテリーニ）についつい惹かれて選んでしまいます。この本のレシピは、ホール、ダイス、どちらでもお好みのものを使ってください。

ある材料ですぐできる うちのいつもの たまごとじ丼

常備している天かすが大活躍。天かすのおかげで、食べごたえも腹持ちもばっちりな丼になりました。ふわっと、とろっとやわらかい口当たりに仕上げるため、卵は2回に分けてまわし入れています。天かす同様、油揚げで作るのもおすすめです。やさしい卵料理を食べているときの幸福感は格別ですね。

甘辛味の煮汁のしみた天かすは最高
天かす たまごとじ丼
Japanese Omelette Rice Bowl with Tempura Bits

とびきりカンタン♪

材料 （1人分）

温かいご飯 … 茶碗1杯分
卵 … 3個 → 溶きほぐす
天かす … 大さじ2
玉ねぎ … ¼個 → 縦に5cm幅に切る

煮汁の材料
だし汁 … 60〜100㎖
しょうゆ、みりん … 各大さじ1

作り方

1 茶碗にご飯を盛りつける。
2 フライパンに煮汁の材料と玉ねぎを入れて煮る（Ⓐ）。
3 煮立ったら天かすを入れ（Ⓑ）、溶き卵半量をまわし入れる（Ⓒ）。少し固まったら残りの卵をまわし入れ、ふたをして蒸らし、半熟状になったら火を止め、ご飯の上にのせる。

豆腐のときは甘酸っぱいたまごとじに
豆腐の甘酢たまごとじ丼
Tofu and Egg Rice Bowl with Sweet Vinegar Sauce

材料 （2人分）

温かいご飯 … 茶碗2杯分
豆腐 … 1丁（300g）
卵 … 2〜3個 → 溶きほぐす
玉ねぎ … ¼個 → 縦に薄切り
片栗粉 … 適量
油 … 大さじ1

煮汁の材料
だし汁 … 100㎖
しょうゆ … 大さじ2 （またはしょうゆ大さじ1＋塩小さじ½）
酒、みりん、酢 … 各大さじ2
砂糖 … 大さじ1

作り方

豆腐は水きりして（64ページ「酢てり焼き豆腐丼」作り方1を参照）食べやすく切り（4cm四方、1.5cm厚さくらい）、片栗粉をまぶす（Ⓐ）。フライパンに油を熱し、こんがりと両面を焼いたら（Ⓑ）、煮汁の材料と玉ねぎを入れて煮て、たまごとじにして（Ⓒ）、ご飯にのせる。

卵は敷いて、チーズをたっぷりのせる

チーズオムライス
Cheese Omurice

鉄板ナポリタンのスパゲッティをご飯に変えて、さらにチーズものせて。思いつきで作ったので、もうなんか突き抜けた姿になっちゃいましたけど、これがとにかくおいしいんです。このケチャップソースで作るオムライス弁当は当時高校生だった長男の大好物でした。冷めてもおいしく、ともだちにも好評だったとか。試行錯誤の末に完成したこの自慢のソース、ぜひお試しください。王道のオムライスを作るときにもこのソースを活用していただければ幸いです。

材料 (1人分)

ご飯 … 茶碗多めの1杯分
卵液（混ぜ合わせる）
　卵 … 3個
　牛乳 … 大さじ1
　塩こしょう … 少々

具の材料
　ベーコン（ブロック）… 30g → 1cm角に切る
　ピーマン … 1個 → 1cm四方に切る
　玉ねぎ … ¼個 → 粗みじん切り

ケチャップソースの材料
　ケチャップ … 大さじ4
　中濃ソース … 小さじ1
　砂糖 … 小さじ½〜1
　牛乳 … 大さじ2
　しょうゆ … 少々

バター … 大さじ½
オリーブ油 … 大さじ1

シュレッドチーズ … ひとつかみ

作り方

1. フライパンにオリーブ油大さじ½を入れ、具の材料を炒め（A）、玉ねぎがしんなりしたら取り出す。
2. 空いたフライパンにケチャップソースの材料を入れて火にかけ（B）、とろっとするまで混ぜながら煮つめる。
3. 2にご飯と1、バターを入れて炒め（C）、ケチャップライスを作る。
4. スキレットにオリーブ油大さじ½をひいてよく熱し、卵液を流し入れる（D）。続けてケチャップライスを広げてのせる。
5. チーズをのせ、魚焼きグリルかオーブントースターでこんがりとした焼き色がつくまで焼く。

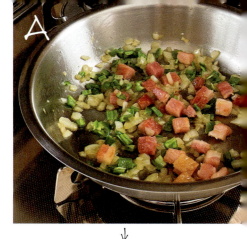

57

ぱりぱりしたきゅうりが必須

鶏そぼろ丼
Chicken Soboro Rice Bowl

昔からずっと職場の保育園の給食の鶏そぼろ丼には、いんげんやきぬさやではなく、塩もみきゅうりがのっています。ぱりぱりの食感がすごく合って、大好きなメニューなんです。それをアレンジしてみました。鶏ひき肉を炒めるときは必要以上に触らず、ざっくりと炒めることで食べごたえのある鶏そぼろになります。ふわふわいりたまごのポイントはマヨネーズかな。冷めてもおいしいので、お弁当にもおすすめです。

材料 (2人分)

温かいご飯 … 茶碗2杯分
鶏ひき肉 … 200g
　酒…大さじ1
　ごま油…大さじ½
味つけの材料
　　砂糖、しょうゆ…各大さじ2
　　おろししょうが…1かけ分(小さじ1)
卵液(混ぜ合わせる)
　　卵…2個
　　マヨネーズ…大さじ½
　　砂糖…大さじ½
　　しょうゆ(または塩)…少々
　　水…大さじ1
　油…小さじ1
きゅうり … 1本
　塩…少々

作り方

1 きゅうりは薄い小口切りにし(スライサーを使うと薄く早く切れる)、塩をふって(A)5分くらいおいてしんなりさせ、水気を絞る。
2 鶏そぼろを作る。ひき肉に酒をふる(B)。フライパンにごま油を入れ、ざっくりほぐしながら炒める。ひき肉は細かくほぐさず、かたまりが残っているくらいがいい。色が変わったら味つけの材料を加えて炒める(C)。
3 いりたまごを作る。フライパンなどに油を入れてよく熱し、卵液を一気に入れ、ふわっと固まったら、大きく混ぜて好みのかたさまで火を通す(D)。
4 器にご飯を盛り、いりたまご、鶏そぼろ、きゅうりの順にのせる(E)。

豚のキムチ炒めをご飯に どーん とのせて丼に

豚キムチってご飯がよくすすみますよね。キムチに火を通すと、どんどん味に深みが増し、まろやかになって本当においしいです。豚キムチと白ご飯、いりたまごものせて丼にしました。定期的に食べたくなる味です。今回、いりたまごを別にのせていますが、卵2個を溶いて、豚キムチと一緒に炒めてもおいしくできます。

ふわふわのいりたまごと一緒に食べるのがいい
豚キムチ丼
Kimchi Pork and Rice Bowl

材料 (がっつり1人分)

- **温かいご飯** … 小どんぶり1杯分
- **豚こま切れ肉**
  - (または豚バラ薄切り肉) … 200g
  - → 大きければ食べやすく切る
- 玉ねぎ … ½個 → 縦に5mm幅に切る
- **白菜キムチ** … 200g
- もやし … ½袋(100g)
- おろししょうが … 1かけ分(小さじ1)
- **味つけの材料**
  - しょうゆ、酒 … 各大さじ1
  - 砂糖 … ひとつまみ
  - キムチの汁 … 少々
- 塩こしょう … 少々

- **卵液**
  - (混ぜ合わせる)
  - 卵 … 2個
  - マヨネーズ … 大さじ½
  - 砂糖 … 大さじ½
  - しょうゆ (または塩) … 少々
  - 水 … 大さじ1
- ごま油 … 大さじ1
- 油 … 小さじ1
- (好みで)粗びき赤唐辛子 … 少々

作り方

1. フライパンにごま油、しょうがを入れて熱し、豚肉、玉ねぎを炒め、キムチを加えて混ぜ(A)、もやしを加えて炒め合わせる(B)。味つけの材料を加えて混ぜ、汁気をとばし、塩こしょうして火を止める。
2. いりたまごを作る。フライパンなどに油をよく熱し、卵液を一気に入れ、ふわっと固まったら、大きく混ぜて好みのかたさまで火を通す(C)。
3. 器にご飯を盛り、2、1の順にのせ、好みで赤唐辛子をふる。

仕上げにチーズをのせて飯テロ
チーズ豚キムチ丼
Cheesy Kimchi Pork and Rice Bowl

材料 (1人分)

- **温かいご飯** … 茶碗1杯分
- **豚こま切れ肉** (または豚バラ薄切り肉) … 100g
  - → 大きければ食べやすく切る
- 玉ねぎ … ¼個 → 縦に5mm幅に切る
- **白菜キムチ** … 100g
- おろししょうが … ½かけ分(小さじ½)
- ごま油 … 大さじ½
- **味つけの材料**
  - しょうゆ、酒 … 各大さじ½
  - キムチの汁、砂糖 … 各少々
- 塩こしょう … 少々
- **シュレッドチーズ** … ひとつかみ弱

作り方

フライパンに油、しょうがを熱して豚肉、玉ねぎを炒め、キムチを炒め合わせ、味つけの材料を混ぜて少し汁気をとばし、塩こしょうする。チーズをのせてふたをして、チーズが溶けたら火を止め、ご飯にのせる。

がっつりした肉おかずは、キャベツ、たまごと一緒にご飯と盛りつけ

肉系のおかずをワンプレートに盛りつけると、なんだかお子さまランチを思い出してわくわくします。いろんなものがひとつにまとまっている丼ものは、混ぜながら食べるのが楽しいです。あとはキャベツとたまごがあれば栄養バランスよく、彩りよく、という謎の思い込みでこのまま突き進んでいきます。

焼肉のたれ×ソーセージでご飯がすすんじゃう

ソーセージ丼
Sausage Rice Bowl

とびきりカンタン♪

材料 (1人分)

- 温かいご飯 … 小どんぶり1杯分
- ソーセージ … 3本 → 1cm幅に切る
- 焼肉のたれ … 適量
- 目玉焼き … 1個
- 油 … 小さじ1
- キャベツ … ½枚 → 細切り
- (好みで)粗びき赤唐辛子 … 適量

作り方

1. フライパンに油を熱してソーセージを炒め、切り口にこんがりとした焼き色がついたら焼肉のたれを加えて煮からめる。
2. 器にご飯を盛ってキャベツを広げた上に**1**を盛り、目玉焼きをのせ、好みで粗びき赤唐辛子をふる。

 白身のまわりがかりかり

  めんつゆで簡単

目玉焼き　Fried Eggs

多めの油をよく熱したところに入れて白身のまわりがかりかりになるまで弱火で焼きます。底はかりっと香ばしく焼け、白身はぷるんとした食感、黄身はとろんとした理想的な焼き上がりに。

材料
卵 … 1個　　油 … 大さじ1

1. フライパンに油を入れて煙が上がるくらいまでよく熱し、卵を割り入れる。
2. 弱火で3～5分じっくりと焼く。底に焼き色がついて、白身のまわりがかりかりになったら完成。

味たま　Japanese Ajitama Eggs

味がしみるまで半日くらいかかりますが、めんつゆで手軽に作っています。気分によって、味たま液に酢、ごま油、おろしにんにく、おろししょうがなどを少したすと、よりおいしい仕上がりに。2日間くらいは保存が可能です。

材料
卵(冷蔵庫から出してすぐのもの) … 2個

味たま液の材料(ポリ袋に入れる)
- めんつゆ … 大さじ1
- 水 … 大さじ1～3(好みの量)

1. 小鍋に卵とかぶるくらいの水を入れて火にかけ、沸騰したら弱火にして、6分30秒(夏は6分20秒、冬は6分40秒)ゆでる。
2. すぐに卵を氷水に移して急冷する。卵をすくった杓子などでたたいて殻全体にひびを入れる。
3. ゆで卵の殻をむいて味たま液の袋に入れ、口を縛ってとめる。S字フックで冷蔵庫内につるして、扉を開ける度に卵の向きを変えて色むらなく、均一に味がしみるようにする。食べるときは、ナイフで切り目を入れ、手で半分に割る。

酢を入れたたれで、つやよく、てりてりに

酢てり焼きチキンごはん
Teriyaki Chicken and Rice

材料 （1人分）

- 温かいご飯 … 好きなだけ
- 鶏もも肉 … 1枚
  → 塩こしょうしておく
- 油 … 大さじ1
- たれ（混ぜ合わせる）
  - しょうゆ、みりん、酒、酢 … 各大さじ1
  - 砂糖 … 大さじ½
- 味たま（またはゆでたまご） … 1個 → 半分に割る
- キャベツ … 1枚 → 細切り

作り方

1. フライパンに油を熱し、鶏肉の皮目を下にして入れて焼く。こんがりとした焼き色がついたら返し、もう片面も焼く。
2. フライパンの余分な油を拭き取り、たれを加えて煮からめる。
3. 2を食べやすい大きさに切ってご飯と一緒に皿に盛り、キャベツ、味たまをのせる。

メモ たれに酢を入れなければふつうのてり焼きに。

味つけにマヨネーズを使うのがポイント

豚しょうが焼きごはん
Ginger Pork and Rice

材料 （2人分）

- 温かいご飯 … 好きなだけ
- 豚こま切れ肉（または豚バラ薄切り肉） … 200g
  → 食べやすい大きさに切って薄力粉大さじ1をまぶす
- 玉ねぎ … ½個
  → 縦に5mm幅に切る
- ごま油 … 大さじ1
- たれ（混ぜ合わせる）
  - おろししょうが … 1かけ分
  - しょうゆ、酒、みりん … 各大さじ2
  - マヨネーズ … 大さじ1
- 味たま（またはゆでたまご） … 2個 → 半分に割る
- キャベツ … 1枚 → 細切り
- トマト … 1個 → ざく切り
- ゆかりふりかけ® … 適量

作り方

1. 豚のしょうが焼きを作る。フライパンにごま油を熱し、豚肉と玉ねぎを炒める。豚肉の色が変わったらたれを加えて炒める。
2. 皿にご飯をのせ、しょうが焼き、キャベツ、トマト、味たまを盛り合わせ、ご飯にゆかりふりかけをかける。

こんがり焼いて甘酸っぱいてり焼きだれで
酢てり焼き豆腐丼
Teriyaki Tofu Rice Bowl

豆腐でヘルシー、なのにがっつり、こんな理想を掲げて誕生したのがこの豆腐丼です。豆腐は小麦粉をまぶして焼けば、たれがからみやすくなり、味がぼやけません。フリルレタスの鮮やかな黄緑色と玉ねぎ入りソースの色つやが食欲をそそります。酢が苦手なら除いてふつうのてり焼きにしてもおいしいです。

材料（2人分）

温かいご飯…茶碗2杯分
豆腐…1丁（300g）
にんにく…1片 → つぶす
塩…少々
薄力粉…適量
油…大さじ1〜2

たれ
　玉ねぎ…¼個
　　→粗みじん切り
　しょうゆ、酒、みりん、酢
　　…各大さじ1
　砂糖…大さじ½

フリルレタス…2枚
　→食べやすい大きさにちぎる

作り方

1 豆腐はペーパータオル2〜3枚で包んで耐熱皿にのせ、電子レンジで2分加熱し、ざるの上に5〜10分放置して水きりする。食べやすく切って（4cm四方、1.5cm厚さくらい）塩をふり、薄力粉をまぶす（A）。

2 フライパンに油、つぶしたにんにくを入れて熱し、香りが立ったら豆腐を入れ（B）、両面に焼き色をつける。たれを加えて全体にからめる（C）。

3 茶碗にご飯を盛り、フリルレタスをのせ、豆腐をのせる。

メモ たれに酢を入れなければふつうのてり焼き味になる。

家にある野菜を合わせて作る

あんかけ豚丼
Ankake Pork Rice Bowl

色とりどりの野菜がたくさん食べられる丼ってすてきですよね。家にある半端野菜を使い切りたいときなら、なおさらおすすめです。キャベツ、ピーマン、きぬさや、もやし、きのこ類、ごぼう、れんこんなど、なんでもいいと思います。豚肉のほか、えびやいかを加えてもよさそう。しょうがとごま油の豊かな香りを楽しんでください。

材料 (2人分)

温かいご飯 … 茶碗2杯分
豚こま切れ肉 … 200g
白菜 … 2枚 → 軸と葉の部分に分け、食べやすい大きさにざく切り
にんじん … ½本 → 3〜4mm厚さの半月切り
玉ねぎ … ¼個 → 2cm四方に切る
かぶ … 2個 → 5mm厚さの半月切り

A │ 水…200mℓ
　│ しょうゆ、酒、みりん…各大さじ1
　│ 塩…少々
　│ おろししょうが…1かけ分(小さじ1)

水溶き片栗粉(片栗粉大さじ1を水大さじ2で溶いたもの)
ごま油…大さじ1

作り方

1 鍋またはフライパンにごま油を熱し、豚肉、玉ねぎ、にんじん、かぶを入れて炒める(A)。豚肉に火が通ったら白菜の軸の部分を加えてさっと炒め(B)、Aを加えて煮る。
2 白菜の軸に火が通ったら白菜の葉を加えて煮る(C)。
3 火が通ったら水溶き片栗粉を加えてとろみをつける(D)。
4 器にご飯を盛り、あんをかける。

↓

↓

↓

アボカド好きには
たまらない

回転寿司はアイデアの宝庫です。ごちそうおにぎりも丼ものも回転寿司からヒントを得たものがたくさんあります。アボカドを使ったお寿司のアイデアって楽しいものがいっぱいですよね。うちではさらに手軽にツナ缶や冷凍ストックのしらすを合わせて丼にしています。まぐろ、サーモン、えびなどのお刺身を使えば、よりゴージャスな丼になります。お好みでマヨネーズをかけるのもおすすめ。

めんつゆとごま油をからめる
アボカドツナ丼
Avocado and Tuna Rice Bowl

とびきりカンタン♪

材料 (がっつり1人分)

温かいご飯 … 好きなだけ
アボカド … ½個
ツナ缶 … ½缶(35g) → 軽く汁をきる
味つけの材料
　めんつゆ、ごま油 … 各小さじ1
　わさび … 好きなだけ
白いりごまと白すりごま … 好きなだけ
(好みで)しょうゆ … 好きなだけ

作り方

1 アボカドは縦半分に切って皮と種を除いて一口大に切る。
2 アボカド、ツナ、味つけの材料を混ぜ合わせる。
3 器にご飯を盛り、2をのせる。いりごま、すりごまをふり、好みでしょうゆをたらして食べる。

メモ ご飯は酢めし(69ページ参照)でも合う。

きゅうりの塩もみが決め手
アボカドしらす丼
Avocado and Shirasu Rice Bowl

材料(1人分)

酢めし（混ぜ合わせる）
- 炊きたてのご飯
  …茶碗多めの1杯分(180g)
- 調味酢（またはすし酢）
  …大さじ½強

アボカド…½個
しらす…大さじ2
きゅうり…¼本
塩…少々

たれ（混ぜ合わせる）
- しょうゆ、酒、みりん
  …各小さじ1
- ごま油…小さじ½
- わさび…少々

焼きのり(全形)…¼枚
白いりごまと白すりごま
　…好きなだけ
ごま油…好きなだけ
(好みで)わさび、しょうゆ
　…好きなだけ

作り方

1 アボカドは縦半分に切って皮と種を除いて一口大に切り、たれに漬ける。
2 きゅうりは薄い小口切りにし、塩をふってしばらくおいてしんなりさせ、水気を絞る。
3 器に酢めしを盛り、1のアボカドをのせ(A)、たれを少しふりかける。2のきゅうり(B)、しらすをのせ、のりをちぎってちらし、いりごま、すりごまをふる。ごま油をかけ(C)、好みでわさびを添え、しょうゆをたらして食べる。

69

 A
 B
 C

たくさん作っても
あっという間に完食。
ご飯が止まらない
常備菜

薬味はねぎより青じそ派、とにかく青じそが大好きです。二人暮らしになってからも、わりと青じその消費は早い方だと思うのですが、冷蔵庫の中の光景って見慣れてしまうので、うっかり青じその存在を忘れるときがあります。そんなときに慌てて作ることが多いですね。最初に少しおにぎり用に取り分けておき、あとは作ったその日のうちにほとんど食べ切ってしまいます。これさえあれば、白いご飯がすすむこと間違いなし。

しょうゆ：みりん：ごま油：白いりごま＝1：1：1：1

青じその
ごま油しょうゆ漬け
Marinated Shiso

とびきりカンタン♪

青じその保存法
Shiso

保存容器に1㎝程度の水を入れ、軸を水に浸けてふたをし、冷蔵庫で保存。毎日水を替えれば3週間もつ。葉が水に浸かるといたむので注意を。

材料（基本の分量）

青じそ … 10枚
味つけの材料
　しょうゆ、みりん、ごま油、
　白いりごま … 各小さじ1
　粗びき赤唐辛子 … 適量
　（好みで）おろしにんにく … 少々

作り方

1　青じそは、軸を切り落とし、両手のひらではさんでパンッとたたいて香りを立たせる（A）。
2　味つけの材料をかけ（B）、全体を混ぜてなじませる（C）。

おにぎりもおすすめ

天かすのおにぎり
Onigiri with Marinated Shiso and Tempura Bits

ご飯茶碗多めの1杯分に、**青じそのごま油しょうゆ漬け**3枚の粗みじん切りと**天かす**大さじ2を混ぜたもの（たれも少し入れる）、**白いりごま**大さじ½を混ぜておにぎりを3個作る。**のり**を巻く。

梅干しのおにぎり
Onigiri with Marinated Shiso and Umeboshi

ご飯茶碗多めの1杯分に、**青じそのごま油しょうゆ漬け**3枚分の粗みじん切り（たれも少し入れる）、種を除いてちぎった**梅干し**（中）1〜2個、**白いりごま**大さじ½を混ぜておにぎりを3個作る。**のり**を巻く。

根菜、きのこ、里いも。山盛りの具を炊き込む

具だくさん炊き込みごはん
Takikomi Gohan

具だくさんの炊き込みごはんを作るときの私のこだわりは、まず具を必ず炒めることと、調味料を加えた後、できるだけ水分をとばすことです。具を炒めることで香ばしさが出るし、水分をとばすことでうまみが凝縮されるからです。このふたつを守ればもう勝ったも同然、優勝間違いなしです。具の量がどんどん増えて大変なことになっていますが、今後もこの方法を貫き通します。はずせない具は、やはりごぼうですね。あの香りがないとさみしいです。

材料 (作りやすい分量)

米 … 2合 (360㎖)

具の材料
- 鶏もも肉 … 1枚 → 2～3cm大に切る
- 油揚げ … 2枚 → 食べやすい大きさの細切り
- 里いも … 6個 → 皮をむいて1～2cm角に切る
- ごぼう … 1本 → ささがきにして水にさらし、水気をきる
- にんじん … 1本 → スライサーでせん切り
- まいたけ … 1パック → 粗みじん切り

油 … 大さじ1

調味料
- みりん … 大さじ2
- 酒、しょうゆ … 各大さじ1
- 塩 … 小さじ½

だし汁 … 360㎖

作り方

1. 米は洗って30分～1時間水に浸ける。炊く直前にざるに上げる。
2. フライパンに油を熱し、すべての具の材料を炒める。
3. 野菜がしんなりして鶏肉の色が変わったら調味料を加えて炒め(A)、なるべく水分をとばす。
4. ご飯を炊く鍋に1の米、だし汁を入れ、3の具をのせ(B、C)、ふたをする。強火にかけ、ぐつぐつ沸騰してきたら弱火にして、10分炊く。最後に強火にして1分、おこげを作る。火を止めて10分蒸らし、全体にふんわりと混ぜる。

メモ 炊飯器でも作れる。炊飯器で炊く場合は1～3は同様、4で炊飯器の内釜に1を入れて2合の目盛りまでだし汁を入れ、3をのせて炊く。

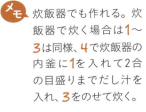

A
B
C

にぎるのがめんどうなときは 広げて 焼いちゃいます

毎日でも食べたいくらい焼きおにぎりが好きですが、にぎるのがめんどうなときのお約束、ご存じズボラ飯。これはもうズボラの極みです。ご飯を広げ、具をのせ、しょうゆとごま油をかけ、チーズをのせてこんがり焼く。噛みごたえがあるので、歯の詰めものが取れないよう気をつけていただきたいと思います。

ズボラ飯の覇者
ごはんピザ
Rice Pizza

とびきりカンタン♪

材料 (作りやすい分量)

温かいご飯 … 茶碗多めの1杯分
具の材料
　コーン（冷凍）… 好きなだけ
　白菜キムチ … 好きなだけ → 食べやすく切る
シュレッドチーズ … ひとつかみ
ごま油、しょうゆ … たらり
（好みで）みりん … たらり

作り方

1　魚焼きグリルかオーブントースターの網にアルミホイルを敷いて、ご飯を広げてのせる。具の材料を全体にのせ（A）、ごま油をかけ（B）、しょうゆをふり（好みでみりんも）、チーズをのせる（C）。
2　チーズが溶け、焼き色がつくまで焼く。

メモ　アルミホイルは必ずシリコン樹脂加工（くっつかない加工）のものを使ってください。

Variations

こんな **具** もおすすめ

具の組み合わせの一例です。どんな具をのせるときも、ごま油としょうゆ（好みでみりんも）をふり、シュレッドチーズをのせて焼けばおいしいごはんピザに。

明太子＋青じそ＋白ごま

ツナ＋コーン＋マヨネーズ

梅干し＋塩昆布＋削り節

A

B

C

D

ケチャップをたして親しみのある味に

トマトソースで簡単ドリア
Easy Rice Gratin with Tomato Sauce

材料 （直径16cmのスキレット1個分）

ご飯 … 茶碗多めの1杯分 → 温める
トマトソース（下を参照・市販のものを使ってもよい）… 約100ml
ケチャップ…大さじ1
卵 …1個　**シュレッドチーズ** … ひとつかみ
オリーブ油…少々 → スキレットに塗っておく

作り方

1 トマトソースにケチャップを混ぜてご飯を入れ（A）、混ぜる。
2 スキレットに1を入れて広げ（B）、まん中に卵を落とし入れる（C）。チーズをのせ（D）、魚焼きグリルかオーブントースターでチーズが溶けるまで焼く。

トマトソース
Tomato Sauce with Sausage

トマトソースは、ソーセージ、ベーコン、鶏肉、ツナなどのボリュームの出る具を入れて作ることもあります。うまみたっぷりのソースは、そのままパスタとあえたり、パンにのせて食べたり。冷凍保存もできます。

材料
トマトの水煮缶…1缶（400g）　にんにく…1片（つぶす）　赤唐辛子…1本（半分にちぎる）　玉ねぎ…¼個（粗みじん切り）　ソーセージ…3本（またはベーコン…50g〈幅2cmに切る〉またはツナ缶…小1缶〈70g・軽く汁をきる〉）　オリーブ油…大さじ2　塩…少々

1. 鍋にオリーブ油、にんにく、赤唐辛子、玉ねぎ、ソーセージを入れて炒める。
2. 玉ねぎがしんなりしたら、トマト缶を加え、トマトをつぶしながら、半量程度になるまで煮つめる。塩で味をととのえる。

トマトソース も
卵とチーズをのせて焼いてとろーり

トマトソースを目にすると、今すぐ卵とチーズをぶち込みたいという衝動に駆られることがあります。理性を失いかけたときこそ、新たなおいしい組み合わせを発見できたりするので、時々襲ってくる衝動を大切にしていきたいと思います。程よい半熟加減の卵ととろとろチーズをからめながら熱々をどうぞ。

パンと一緒に食べたい

トマトソースでチーズたまご
Poached Eggs in Tomato Sauce

焼いた熱々のトマトソースをパンにつけて食べるのもおすすめ。スキレットにトマトソース約100mlを入れて卵1〜2個を割り入れ、シュレッドチーズひとつかみをのせ、魚焼きグリルかオーブントースターで焼く。

しょうゆ

クリームパスタは牛乳で簡単。「たらり」がかくし味

生クリームは冷蔵庫に常備していないので、パスタのクリームソースはいつも牛乳で作っています。チーズなしでもできますが、チーズ愛が強すぎるため結局毎回入れてしまうんですよね。チーズは、どんなチーズでもできます。さらっとなじむパルミジャーノ・レッジャーノや粉チーズを使うときは、ゆでた麺と一緒に加え、スライスチーズ、シュレッドチーズ、カマンベールチーズなどを使うときは、牛乳と一緒に加えてあらかじめ溶かしておくとうまくいきます。

もったり系の明太パスタ

クリーミーな明太子スパゲッティ
Creamy Mentaiko Spaghetti

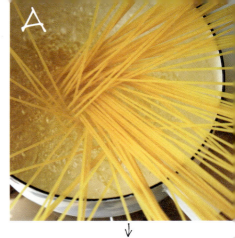

材料 (1人分)

スパゲッティ … 100g
明太子 … ½腹(1本) → 薄皮から取り出す
牛乳 … 50㎖
パルミジャーノ・レッジャーノ … 20g → すりおろす
　(またはちぎったスライスチーズ2枚やカマンベールチーズ、
　シュレッドチーズでもよい)
バター … ひとかけら
オリーブ油 … 大さじ1〜2
にんにく … 1片 → つぶす
しょうゆ … たらり
塩(パスタをゆでるときのもの) … 水1ℓにつき小さじ2(10g)
青じそ … 1〜2枚 → 細切り
(好みで仕上げ用)パルミジャーノ・レッジャーノ … 好きなだけ
(好みで)レモン … 1切れ

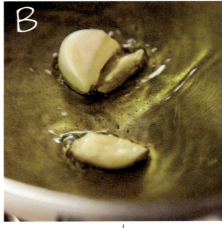

作り方

1. 鍋に湯を沸かして塩を入れ、スパゲッティを表示より1分短くタイマーをセットしてゆで始める(A)。
2. フライパンにオリーブ油、にんにくを入れて火にかけ(B)、香りが立ったら牛乳を入れる(C)。しょうゆを加え(D)、火を止める。
3. ゆで上がったスパゲッティを2のフライパンに入れ、パルミジャーノ・レッジャーノ、バター、明太子を入れ、ごく弱火にかけ、スパゲッティ全体にからめる。
4. 器に盛り、青じそをちらす。好みでパルミジャーノ・レッジャーノをすりおろしてかけ、レモンを搾って食べる。

いつもの和風パスタに好きな野菜を入れて

枝豆入りツナおろしスパゲッティ
Tuna Oroshi Spaghetti with Edamame

ツナおろしスパは、地元の喫茶店メニュー。夫の大好物です。夫にとってパスタは酒の友なので、そこにおつまみの定番、枝豆もぶち込んでやりましたよ。野菜をひとつ増やすだけで華やかになり栄養バランスもばっちりです。

材料 (1人分)

- **スパゲッティ** … 100g
- **ツナ缶**(オイル漬け) … ½缶(35g・オイルごと使う)
- **ゆで枝豆**(さやから出したもの) … ¼カップ
- **玉ねぎ** … ¼個 → 粗みじん切り
- **大根おろし** … 大さじ3くらい
- **青じそ** … 2枚 → 細切り

オリーブ油…大さじ1
しょうゆ…たらり　スパゲッティのゆで汁…大さじ2
塩(パスタをゆでるときのもの)…水1ℓにつき小さじ2(10g)
バター…ひとかけら
(食べるとき)しょうゆまたはぽん酢しょうゆ…好きなだけ

作り方

1. 鍋に湯を沸かして塩を入れ、スパゲッティを表示より1分短くタイマーをセットしてゆで始める(A)。
2. フライパンにオリーブ油、玉ねぎを入れて弱火にかけ、とろっとするまで炒める。
3. ツナを加えてさっと炒めてしょうゆを加え、枝豆を加えて炒め、火を止める。スパゲッティのゆで汁を大さじ1ずつ2回に分けて加える(B)。
4. ゆで上がったスパゲッティを3のフライパンに入れ、バターを加え(C)、全体を混ぜ合わせる。
5. 器に盛り、大根おろしをのせ、青じそをのせる。しょうゆかぽん酢しょうゆをかけて食べる。

炒め玉ねぎを冷凍保存
Soffritto

玉ねぎは、時間のあるときに刻んで炒めて1回分ずつ(¼個分=約大さじ½)を小分けにして冷凍しています。これがあれば、パスタやスープを作るときのひと手間が省けて時短になります。玉ねぎ1個につき、バター大さじ1、オリーブ油大さじ½で、とろっとするまで弱火で炒めます。ツナおろしスパゲッティに冷凍炒め玉ねぎを使う場合は、オリーブ油は大さじ½に減らして凍ったまま炒めます。

おいしいバターをたっぷりはさんで
ゆでたまごの
たまごサンド
Egg Salad Sandwich

説明するまでもない王道のゆでたまごのサンドイッチです。いつも食べたい気持ちが先走り、冷蔵庫から出してすぐのバターを削ってのせる羽目になるのですが、バターの塊が口の中でふわっと溶けて、これはこれでおいしいんです。薄く切ったふかふかの食パンに、具をたっぷりはさむのもこだわりのひとつかな。

材料 (作りやすい分量)

食パン（8枚切り）…2枚
ゆでたまご（29ページ）…2個
マヨネーズ…大さじ1
塩、砂糖…各ひとつまみ
パンに塗るおいしいバター…適量

作り方

1. ゆでたまごは、ナイフで白身を切りながら細かくする。マヨネーズ、塩、砂糖を混ぜる（A）。
2. 食パン2枚の、それぞれサンドイッチの内側になる面にバターを削ったものを少しずつ全面にのせる（B）。
3. 1枚に**1**をのせて広げる。もう1枚をかぶせてサンドする（C）。三角形になるように4等分に切る。

ふわふわの焼きたてたまごで夢ごこち

たまご焼きの
たまごサンド

Omelette Sandwich

私は昔から、ふわとろないりたまごを単純に四角くまとめたようなたまご焼きが好きなんですよね。母のたまご焼きがそうだったからかもしれません。誰か共感してくれますか？　卵液には、ほんの少しのやさしさ、おいしくするおまじない、と称した砂糖をひとつまみ加えています。たまご焼きをたっぷり堪能したいので、食パンはやはり薄めが好みです。

材料 （作りやすい分量）

食パン（8枚切り）…2枚
卵液（混ぜ合わせる）
　卵…3個
　牛乳…大さじ1～2
　砂糖…ひとつまみ
　塩こしょう…少々
マヨネーズ…大さじ1
マスタード（ディジョンマスタード、粒マスタード）…合わせて大さじ1
油…適量

作り方

1　卵焼き器にペーパータオルで油を薄く塗ってよく熱し、卵液½量を流し入れ（A）、箸でかき混ぜながら火を通し、半熟になったら手前に折りたたんで巻く。向こう側へすべらせ、卵焼き器の空いたところに再度油を塗って残りの卵液を入れ（B）、奥の卵の手前を少し持ち上げて卵液を下に入れ、奥から卵を手前に折りたたみ（C）、形をととのえる（D）。
2　食パン2枚の、それぞれサンドイッチの内側になる面にマヨネーズとマスタードを半量ずつ塗って半分に切る。
3　たまご焼きを半分に切ってはさむ（E）。半分に切る。

甘くないフレンチトースト?
ハムとチーズの塩フレンチトースト
Simple Monte Cristo Sandwich

この塩フレンチトーストの本名は「モンテ・クリスト・サンドイッチ」です。欧米ではここにメイプルシロップを、韓国ではいちごジャムを塗り、さらにパン粉をまぶして揚げるとか。世界は広いですね。このまま食べてももちろんおいしいです。

材料 (作りやすい分量)
- **食パン**(4枚切り)…1枚
- **ハム**…1枚
- **スライスチーズ**…2枚
- **卵液**(混ぜ合わせる)
  - 卵…1個
  - 牛乳…100㎖
  - 塩こしょう…少々
- オリーブ油…大さじ½
- バター…大さじ½
- (好みで)メイプルシロップ…好きなだけ

作り方
1. 食パン、ハム、スライスチーズはそれぞれ4等分に切る。
2. パンは1切れずつ、切り込みを入れる(A・耳の部分はつながったまま)。
3. チーズでハムをはさみ、2のパンにはさむ(B)。
4. 卵液に3を浸し、パンの切り込みを広げて卵液をスプーンでかけると(C)、中まで早くしみ込む。パンを返しながら卵液すべてをパンに吸わせる。
5. フライパンにオリーブ油を熱し、4を入れて焼く。焼き色がついたら返し、もう片面も焼き、バターを加えてからめる。好みでメイプルシロップをかける。

甘い卵液に浸して、甘じょっぱい味に
チーズ入りフレンチトースト
Cheesy French Toast

材料 (作りやすい分量)
- **食パン**(4枚切り)…1枚
- **スライスチーズ**…2枚
- **卵液の材料**(混ぜ合わせる)
  - 卵…1個
  - 牛乳…100㎖
  - 砂糖…大さじ1
  - (好みで)バニラオイル…少々
- オリーブ油…大さじ½
- バター…大さじ½

作り方
左の「ハムとチーズの塩フレンチトースト」と同様に、パンに切り込みを入れてチーズをはさみ、卵液に浸し、オリーブ油で両面をこんがりと焼く。仕上げにバターをからめる。

メロンパンとクリームパンが
食べたくなったときは 食パン
で作っちゃいます

なぜだろう、メロンパンやクリームパンっていつも突然食べたくなるんです。買いに行くのはちょっと面倒、常備している食パンでなんとかならないかな、ということで作るようになりました。見た目はどうあれ、味は完璧。目をつむって食べれば、さらにおいしく感じることでしょう。

味はまぎれもなくメロンパン

メロンパンなトースト
Simple Cookie Crusted Toast

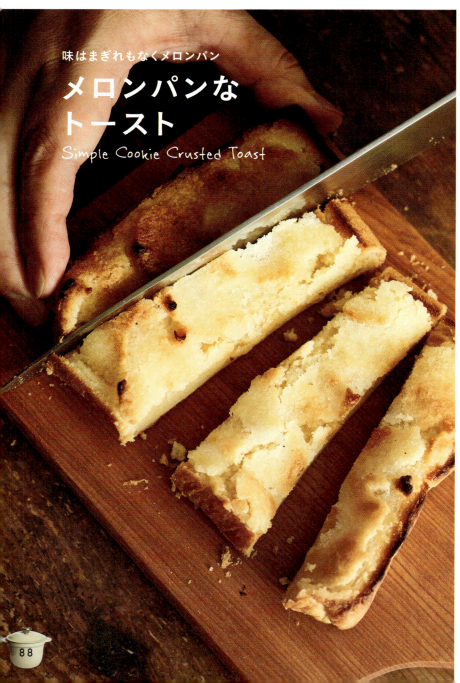

材料（食パン1枚分）

食パン（5枚切り）…1枚
クッキー生地の材料
　バター…大さじ1 → 常温でやわらかくする
　砂糖…大さじ1
　薄力粉…大さじ2
グラニュー糖…好きなだけ

作り方

1 クッキー生地を作る。バターと砂糖を練り混ぜ（A）、薄力粉をふるい入れ（B）、よく混ぜる（C）。
2 食パンに**1**を塗る（D）。アルミホイルを敷いた魚焼きグリルかオーブントースターにのせ、グラニュー糖をふる（E）。
3 表面のグラニュー糖が溶けて、まわりに焼き色がつくまで焼く。

カスタードとチョコの2色のクリームをたっぷり

なんちゃってクリームパン
Toast Sticks with Custard Cream and Chocolate Custard Cream

材料（作りやすい分量）

食パン（好みの厚さ）…1～2枚
カスタードクリーム
　卵…1個
　砂糖…大さじ2～4
　薄力粉…大さじ2
　牛乳…200ml
　バニラオイル（またはバニラエッセンス）…数滴
板チョコレート（ブラックまたはビター）
　…½枚～1枚（好みの量）→ 粗く刻む

作り方

1 カスタードクリームを作る。耐熱容器に卵、砂糖を入れて泡立て器で混ぜ、薄力粉をふるい入れて混ぜ（A）、牛乳を少しずつ加えて混ぜる（B）。ふんわりとラップをかけて電子レンジで1分加熱し、取り出して混ぜ合わせる。さらに1分加熱し、混ぜる、を3回（とろみがつくまで）くり返す（C）。バニラオイルを加えて混ぜる。
2 熱いうちに**1**を半量ずつに分け、一方にチョコレートを混ぜてチョコクリームを作る（D）。
3 食パンをトーストして細長く切り、クリームをつけて食べる。

A

B

C

D

米とパンの保存の仕方

米やパンは、毎日のように食べる炭水化物だから、
切らすことがないようにしています。
鮮度ができるだけ保てるよう冷蔵庫や冷凍庫で保存しています。

Rice

米は冷蔵庫で保存

米は、常温においておくと鮮度が落ちるので、冷蔵庫で保存しています。開封後は、2〜3枚重ねにしたポリ袋に入れたり、ペットボトルに入れるなどして密閉性の高い方法で保存しています。お気に入りのお米は雪椿（魚沼産コシヒカリ）。

Bread

パンは冷凍庫で保存

食パンは意外と消費期限が短いので、冷凍庫で保存しています。生食パンなどを1本買ったときは、何通りかの厚みに切ってポリ袋に入れて冷凍します。解凍せずに凍ったまま調理できて、いつでも焼きたてのおいしさが楽しめます。

野菜も大好き
We Love Vegetables!

野菜食べてる？　はい、もちろん山盛り食べてますよ。野菜料理は毎日欠かせません。おつまみのためのたれやドレッシングから、野菜がいっぱい食べられるサラダやスープ、旬の野菜のおかずまで、野菜がもっと好きになるレシピがそろっています。

盛りつければ、でき上がり♪
とりあえずのおつまみサラダ

とりあえずの一品には、手軽に味が決まる中華風スープの素やダシダが大活躍、いつもお世話になっています。スピード勝負なので、キャベツはちぎって、きゅうりはたたいて、玉ねぎはスライサーで薄切りに。そこにゆでたまごを合わせて豪華にみせる技もよく使います。夫はキャベツ好きのキャベツ信者なのでキャベツを使うことが多いですね。迷ったらとりあえずキャベツで健康！

玉ねぎスライスにゆでたまごがよく合う
ゆでたまごと玉ねぎでおつまみサラダ
Boiled Egg Salad with Onion

材料（2人分）

- **ゆでたまご**（29ページ）…3〜4個 → ざっくりと割る
- **玉ねぎ**…½個
  → 縦に薄切りにして、好みで水にさらし、水気をきる
- **たれ**（混ぜ合わせる）
  - しょうゆ、酢、ごま油…各大さじ1
  - 砂糖…大さじ½
  - ダシダ（または中華風スープの素）…4g → 湯少々で溶かす
  - 白すりごま…大さじ1　（好みで）ラー油…少々
- （仕上げ用）白いりごま…ぱらり

作り方

ゆでたまごと玉ねぎを器に盛り、たれをかけ、ごまをふる。

溶かしたスープの素でうまみ増し
焼肉屋のおつまみキャベツ
Simple Cabbage Salad

キャベツ4枚をちぎった上に、**味つけの材料**（ダシダまたは中華風スープの素4gを湯少々で溶かしたもの、ごま油、しょうゆたらり、白いりごまと白すりごまぱらり、粗びき黒こしょうと好みでおろしにんにく各少々）をふる。

たたいて時短、味なじみばっちり
簡単たたききゅうり
Easy Cucumber Salad

きゅうり2本をたたいて食べやすい大きさに割り、**味つけの材料**（ごま油大さじ1、中華風スープの素小さじ1、しょうゆたらり、白いりごまと白すりごまぱらり、塩少々）を混ぜ合わせる。

味つけ簡単、カロリー控えめ

マヨなしコールスロー
Coleslaw with Tuna

マヨネーズがそれほど好きではない次男のおかげで誕生したコールスローです。キャベツ1個分を使って大量に作っても、ひとりで全部食べ切ってしまいます。恐るべし。ついでに汁も飲み干す溺愛っぷり。しゃきしゃきした作りたてもおいしいし、しばらくおいてなじんだ感じもおいしい。冷蔵庫で冷やしておけば翌日もまたおいしく食べられます。

材料 (2人分)

- **キャベツ** …¼個 → 細切り
- **にんじん** …½本 → せん切り器でせん切り
- **玉ねぎ** …¼個 → 縦に薄切りにし、好みで水にさらし、水気をきる
- **コーン**（冷凍）…½カップ → ゆでる
- **ツナ缶**（オイル漬け）…1缶（70g・オイルごと使う）
- **調味酢** …50mℓ
- 塩こしょう …少々

作り方

キャベツ、にんじん、玉ねぎ、コーン、ツナをボウルに入れ（A）、調味酢をかけ（B）、全体を混ぜ、塩こしょうで味をととのえる。15分以上おいてなじませる。

Variation

調味酢に **カレー粉** を混ぜて

カレー味のコールスロー
Curry Flavored Coleslaw

調味酢50mℓにカレー粉小さじ1を混ぜて味つけする。そのほかの材料も作り方も「マヨなしコールスロー」と同じ。

いつもの野菜で、混ぜるだけのサラダ

単品野菜でちゃちゃっと一品。ご近所さんからのありがたい旬の野菜のおすそ分けもあり、うちの冷蔵庫はいつも色とりどりの野菜が充実しています。野菜自体が新鮮でとてもおいしいので、シンプルな味つけだけで大満足です。塩昆布や削り節は手軽にうまみをたすことができるし、梅干しのさわやかな酸味は程よいアクセントになるのでよく使います。

ぽん酢とオリーブ油、1:1で味つけ
トマトサラダ
Tomato Salad

とびきりカンタン♪

材料 (2人分)

- トマト …2個 → くし形切り
- 玉ねぎ …¼個 → 粗みじん切り
- 青じそ …3枚 → 粗みじん切り
- **ぽん酢しょうゆ、オリーブ油** …各大さじ1

作り方

すべての材料を混ぜ合わせる。

めんつゆとごま油、1:1で味つけ
ツナきゅうり
Tuna and Cucumber Salad

材 料 (2人分)

きゅうり…2本 → たたいて、食べやすい大きさに切る
ツナ缶(オイル漬け)…1缶(70g・オイルごと使う)
めんつゆ、ごま油…各大さじ½
ラー油…大さじ½
塩、粗びき赤唐辛子…各少々

どの野菜で作ってもおいしい梅おかかあえ
梅干しあえキャベツ
Cabbage Salad with Umeboshi and Katsuobushi

材 料 (2人分)

キャベツ…4枚くらい → ざく切り
梅干し(中)…2個 → ちぎって種を除く
削り節…1袋
白すりごま、ごま油…各大さじ1
しょうゆ…たらり
(仕上げ用)白いりごまと白すりごま…好きなだけ

しゃきしゃきも、くたくたも、どちらもおすすめ
キャベツと塩昆布あえたやつ
Cabbage Salad with Kombu and Shiso

材 料 (2人分)

キャベツ…4枚くらい → ざく切り
塩昆布…大さじ1
青じそ…3枚 → 粗みじん切り
ごま油…大さじ1　塩…少々
白すりごま…大さじ1
(仕上げ用)白いりごまと白すりごま…好きなだけ

夏によく作る組み合わせ
きゅうりの梅しそ昆布あえ
Summer Cucumber Salad

材 料 (2人分)

きゅうり…2本 → たたいて、食べやすい大きさに切る
梅干し(中)…1個 → 種を取って刻む
塩昆布…大さじ1
青じそ…4~5枚 → 粗みじん切り
ごま油…大さじ1
(仕上げ用)白いりごまと白すりごま…好きなだけ

緑色の野菜がたくさん食べられる、サラダとあえもの

さっと塩ゆでした緑色の野菜は、何もつけずにそのまま食べてもほんのり甘みがあっておいしいですよね。サラダやあえものに使えば食べごたえもあって、それだけで立派な一品になります。ゆでて冷蔵庫にストックしておけば、小腹がすいたときのヘルシーなおやつにもなりますよ。

削り節を混ぜれば和の味に

ブロッコリーとゆでたまごの和なサラダ
Japanese Style Salad with Katsuobushi

とびきりカンタン♪

材料（2人分）

- **ブロッコリー**…½個
  → 小房に分け、太い茎は厚めに皮をむいて細い茎は皮をむかずに薄切りにし塩ゆで。小房は小さく切る
- **ゆでたまご**（29ページ）…2個 → 大きめにざっくりと割る
- 新玉ねぎ…¼個 → 縦に薄切りにし、好みで水にさらして水気をきる
- **マヨネーズ**…大さじ1
- **削り節**…1袋
- 白すりごま…大さじ1
- しょうゆ（またはポン酢しょうゆや青じそドレッシング）…たらり

作り方

すべての材料を混ぜ合わせる。

小松菜のおひたしはたっぷり作ります
小松菜のおひたし withゆでたまご
Komatsuna in Soy Broth with Boiled Eggs

材料（2人分）

- 小松菜 … 1束 → 塩ゆでし、4cm長さに切る
- ゆでたまご（29ページ）… 2個
  → 大きめにざっくり割る
- たれ（混ぜ合わせる）
  - だし汁 … 100ml
  - しょうゆ、みりん … 各大さじ1
- （仕上げ用）塩、削り節、白いりごまと白すりごま … 好きなだけ
- （好みで）ごま油またはオリーブ油 … たらり

作り方

小松菜、ゆでたまごを器に盛り、たれをかけ、塩、削り節、いりごま、すりごまをかけ、好みで油をふる。

ほうれん草、青梗菜、白菜で作ってもおいしい
小松菜のツナサラダ
Komatsuna Salad with Tuna

材料（2人分）

- 小松菜 … 1束 → 塩ゆでし、4cm長さに切る
- ツナ缶（オイル漬け）… 1缶（70g・オイルごと使う）
- ポン酢しょうゆ … 大さじ1
- 削り節 … 1袋
- 白すりごま … 大さじ½
- （好みで）マヨネーズ … 少し

いろんな野菜で作ってみたい
スナップえんどうナムル
Snap Pea Salad

材料（2人分）

- スナップえんどう … 1パック
  → 筋を取って塩ゆでする
- 味つけの材料
  - しょうゆ、ごま油 … 各大さじ1
  - 酢、砂糖 … 各小さじ1
  - 塩 … 少々
  - おろしにんにく、白すりごま … 各少々

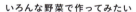

すりごまで手軽にできるごまあえ
おつまみオクラ
Okra Salad

材料（2人分）

- オクラ … 10本
  → がくをピーラーでくるりとむいて、塩少々をふって板ずりし、ゆでる
- 味つけの材料
  - 白すりごま、ごま油 … 各大さじ1
  - ダシダまたは中華風スープの素 … ふたつまみ
    → 湯少々で溶かす
  - 塩こしょう … 少々
  - 粗びき黒こしょう … 少々

季節の野菜がもりもり食べられるマリネサラダ

うちでよく作っているのがマリネサラダ。味つけに使うのがこの、酸っぱすぎず甘すぎず、絶妙なバランスのおいしいドレッシングです。野菜とあえてなじませ、しばらく漬け込んでおけば、全体に味がしみておいしく食べられます。油は、オリーブ油やごま油、そのほかお好みの油を使って作ってください。

野菜が変わってもドレッシングと作り方は同じ
トマトと玉ねぎのマリネサラダ
Tomato and Onion Salad

材料（2人分）

トマト…3個
玉ねぎ…½個

ドレッシングの材料（混ぜ合わせる）
酢…大さじ2
しょうゆ…大さじ1
砂糖（またははちみつ）…大さじ1
オリーブ油（またはごま油）…大さじ1〜2
塩こしょう…少々

作り方

Slice

1 玉ねぎは、薄切りにする。スライサーを使うと超薄切りがすぐできる。好みでさっと水にさらし、水気をきる。トマトは、食べやすい大きさのざく切りにする。

Add to the bowl

2 盛りつけの器にトマトと玉ねぎを入れる。

Pour the dressing

→ 3 ドレッシングの材料をよく混ぜ合わせてかける。

Toss

→ 4 全体を混ぜ合わせ、15分以上おいてなじませる。冷蔵庫で翌日まで冷やしてもおいしい。

マリネサラダいろいろ　100ページで紹介したドレッシングを覚えておけば、野菜1種類だけで、何種類か組み合わせて、香味野菜をたして、毎日違ったマリネサラダを楽しむことができます。その日にある野菜でいろいろな日替わりサラダを作ってください。

はちみつを使い、こしょうをきかせたドレッシングで

ハムと野菜の マリネサラダ
Ham and Veggie Salad

きゅうり（せん切り）、にんじん（せん切り）、玉ねぎ（薄切り）、ハム（細切り）を同量ずつで。ドレッシングのしょうゆを塩小さじ½に変えて鮮やかな色を生かして。粗びき黒こしょうをふる。

焼いてとろとろになったなすを混ぜて
夏野菜の
はちみつマリネサラダ
Summer Veggie Salad

なすは縦半分に切ってアルミホイルを敷いた魚焼きグリルかオーブントースターで焼き、皮をむいて2cm幅に切る。**きゅうり**（乱切り）、**プチトマト**（横半分）、**玉ねぎ**（粗みじん切り）、**青じそ**（粗みじん切り）と合わせ、**ごま油とはちみつで作ったドレッシング**であえてなじませる。

青じそを入れて香りさわやか
トマトときゅうりの
マリネサラダ
Tomato and Cucumber Salad

トマト（ざく切り）、**きゅうり**（乱切り）、**玉ねぎ**（薄切り）、**青じそ**（粗みじん切り）を合わせ、**ドレッシング**であえてなじませる。

野菜1種類の日もあるよ
きゅうりサラダ
Cucumber Salad

とびきりカンタン♪

きゅうりをたたいて割り、**青じそ**（粗みじん切り）、**ごま油で作ったドレッシング**であえてなじませ、**白いりごま**をふる。おろしにんにくやおろししょうがを混ぜるのもおすすめ。

簡単だからサラダが毎日食べたくなる
ドレッシング6種

手作りドレッシングを調合するのは、もはや趣味です。しょうゆベースの和風ドレッシングを作ることが多いですが、↗

しょうがドレッシング
Ginger Flavored Dressing

材料（作りやすい分量）
- おろししょうが … 小さじ1
- しょうゆ … 大さじ2
- 酢 … 大さじ2
- 砂糖 … 大さじ1/2〜1
- ごま油 … 大さじ1
- 白すりごま … 大さじ1

おすすめのサラダ
- 大根サラダ

メモ このドレッシングに、にんにくとねぎのみじん切りを入れると油淋鶏（ユーリンチー）のたれになります

春雨サラダ味のドレッシング
Sesame Flavored Dressing

材料（作りやすい分量）
- ごま油 … 大さじ1
- しょうゆ … 大さじ1
- 酢 … 大さじ1
- 砂糖 … 大さじ1
- 塩こしょう … 少々

おすすめのサラダ
- もやしサラダ
- キャベツの細切りサラダ
- 春雨サラダ

めんつゆわさびドレッシング
Wasabi Dressing

材料（作りやすい分量）
- 練りわさび … 大さじ1/2〜1
  （チューブで15〜30cm）
- めんつゆ … 大さじ1
- 酢 … 大さじ1
- オリーブ油 … 大さじ3
- 砂糖 … ひとつまみ
- 塩こしょう … 少々

おすすめのサラダ
- 長いもとアボカドのサラダ
- キャベツ＆きゅうり＆トマトのサラダ

メモ 削り節をふるのがおすすめ。玉ねぎとも合う

野菜の色をきれいに見せたいときはしょうゆを塩に変えたり、刺激が欲しいときはわさびや梅干しを加えたり、理科の実験さながら楽しんで作っています。ときには市販のドレッシングを買って、味の研究もしますよ。そのときにある野菜をお皿いっぱいに盛って、手作りドレッシングをかけて、野菜をもりもり食べよう。

梅干しドレッシング
Umeboshi Dressing

材料（作りやすい分量）

梅干し（中）… 2〜3個
→細かくちぎって種を除く
しょうゆ、酢、オリーブ油
… 各大さじ2
砂糖 … 大さじ½〜1
塩こしょう … 少々

おすすめのサラダ
- 豆腐サラダ
  （レタス、トマト、
  きゅうり入り）

ごまドレッシング
Sesame Dressing

材料（作りやすい分量）

白すりごま … 大さじ2
しょうゆ … 大さじ2
酢 … 大さじ1〜1½
砂糖 … 大さじ½〜1
ごま油 … 大さじ1

おすすめのサラダ
- キャベツとブロッコリーのサラダ（玉ねぎ入り）
- 大根サラダ
- 春雨サラダ

 好みで削り節、おろしにんにく、おろししょうが、黒こしょうを入れても

フレンチドレッシング
French Dressing

材料（作りやすい分量）

ディジョンマスタード
… 小さじ½
酢 … 大さじ1
オリーブ油 … 大さじ3
塩こしょう … 少々
砂糖 … ひとつまみ

おすすめのサラダ
- スナップえんどうとトマトのサラダ

 野菜と一緒に塩昆布を混ぜると和の味に

6つのドレッシングで作る
ふだんのお手軽おすすめサラダ

前ページのドレッシングで作るサラダの例です。その日にある野菜で作ればいいので、材料は適当で、組み合わせはこの通りでなくても大丈夫。ドレッシングは、全量を混ぜてしまわないで、食べるときに好みでたすようにしてください。

しょうがドレッシングで
大根サラダ
Daikon Radish Salad
with Ginger Flavored Dressing

大根（ごく薄いいちょう切り）、**プチトマト**（縦4等分）、**青じそ**（粗みじん切り）、**しょうがドレッシング**（104ページ）を混ぜ合わせる。少し時間をおいて大根に味をなじませるとおいしい。大根は放射状に4～8等分切り込みを入れ（写真）、スライサーで薄切りにすれば、ごく薄いいちょう切りが簡単に。

春雨サラダ味のドレッシングで
もやしサラダ
Bean Sprout Salad
with Sesame Flavored
Dressing

さっとゆでた**もやし**、**きゅうり**（細切り）、**ハム**（短冊切り）、**春雨サラダ味のドレッシング**（104ページ）を混ぜ、**白いりごまと白すりごま**をふる。春雨がなくても春雨サラダの味。もちろん、**春雨**があれば入れてください。

めんつゆわさびドレッシングで
長いもと
アボカドのサラダ
Veggie Salad
with Wasabi Dressing

アボカド、**長いも**、**トマト**は、すべて同じくらいの食べやすい大きさに切る。野菜と**めんつゆわさびドレッシング**（104ページ）を混ぜ、**削り節**をふる。

梅干しドレッシングで
豆腐サラダ
Tofu Salad
with Umeboshi Dressing

器に**フリルレタス**をちぎって敷いて、**きゅうり**を薄い小口切りにしてのせ（写真）、**豆腐**をスプーンですくって盛り、まわりに**トマト**のざく切りをのせ、**梅干しドレッシング**（105ページ）をかける。

ごまドレッシングで
キャベツとブロッコリーのサラダ
Cabbage and Broccoli Salad
with Sesame Dressing

キャベツ（細切り）、**ブロッコリー**（小房に分けて塩ゆでし、小さく切る。茎も使う）、**玉ねぎ**（薄切りにし、好みで水にさらして水気をきる）、**ごまドレッシング**（105ページ）を混ぜ、**削り節**と**白すりごま**をかける。

フレンチドレッシングと塩昆布で
スナップえんどうとトマトのサラダ
Veggie Salad with Kombu
and French Dressing

スナップえんどう（筋を取って塩ゆでして、半分に切る）、**トマト**（スナップえんどうに近い形になるようにざく切りにする）、**玉ねぎ**（薄切りにし、好みで水にさらして水気をきる）、**塩昆布**、**フレンチドレッシング**（105ページ）を混ぜ合わせる。

サラダ界のおしゃれ番長

シーザーサラダ
Caesar Salad

よく行くステーキハウスのサラダバーにあるシーザードレッシングが大好きで、家でも作るようになりました。かりかりベーコンとクルトンでアメリカンな雰囲気はばっちり、温たまものせて食べごたえ満点なサラダにします。ロメインレタスはもちろん、生の小松菜や白菜でもおいしくできます。

材料 (作りやすい分量)

- **フリルレタス** …1個
- **ベーコン**(ブロック)…50g
- **食パン**(何枚切りでもいいし、耳でもいい)… 約1枚
- **温泉たまご**(51ページ)…1個
- **ドレッシング**
    - マヨネーズ …大さじ2
    - 粉チーズ …大さじ2
    - オリーブ油、牛乳 …各大さじ1
    - 酢(またはレモン汁)…大さじ½
    - ディジョンマスタード …大さじ½
    - にんにく …1片 → すりおろす(チューブなら小さじ1)
    - 砂糖 …ひとつまみ
    - 塩こしょう …少々
    - 粗びき黒こしょう …適量

温泉たまごのとろっとした黄味とクリーミーなドレッシングがからみ合い、まろやかなバランスよい味に

作り方

1. かりかりベーコンとクルトンを作る。ベーコンは2cm角に切る。食パンは1〜1.5cm角に切る。魚焼きグリルかオーブントースターにアルミホイルを2枚敷き、ベーコンと食パンをそれぞれ広げてのせ、こんがりと焼き目がつくまで焼く(A)。
2. フリルレタスは食べやすい大きさにちぎって、器に盛りつける。ドレッシングの材料を混ぜ合わせる(B)。
3. フリルレタスの上に**1**をちらし、温泉たまごをのせ、ドレッシングをかける(C)。全体を混ぜ合わせて食べる。

有名アメリカンステーキハウスのあの味に恋して
ハニーマスタードドレッシングでサラダ
Chopped Salad with Honey Mustard Dressing

アメリカンなレストランのハニーマスタードという言葉にとにかく心奪われるネイティブジャパニーズです。
まろやかな甘じょっぱさが後を引くおいしさ。サラダチキンやツナ、トマト、玉ねぎ、豆類にも合います。

材料（作りやすい分量）

- **フリルレタス** …1個 → ちぎる
- **ブロッコリー** …6房くらい
  → 塩ゆでして食べやすく切る。茎も薄切りにして、一緒にゆでる
- **きゅうり** …1本 → 縦4等分にし、5mm厚さに切る
- **ハム** …80g → 2cm大に切る
- **ゆでたまご** …2個 → ざっくりと割る
- **クルトン**（109ページ）…食パン½枚分くらい
- **ハニーマスタードドレッシング**
  - はちみつ…大さじ1
  - マスタード（ディジョンマスタード、粒マスタード）
    …合わせて大さじ1
  - 酢…大さじ1
  - 塩こしょう…少々
  - オリーブ油…大さじ2

作り方

1. ハニーマスタードドレッシングを作る。ボウルに、はちみつ、マスタード、酢、塩こしょうを入れて混ぜ、オリーブ油を少しずつ加えてよく混ぜる。
2. 器に野菜、ハム、ゆでたまごを盛り、クルトンをちらし、ドレッシングをかける。

青じそ風味のお刺身サラダ
たこサラダ
Octopus Salad

お刺身をちょっとおしゃれに食べたいときはこれ。カルパッチョって名乗ってもいいですか。さっぱりとした青じそ風味のドレッシングがよく合います。バルサミコ酢やワインビネガーを使って気取る日もあります。

材料（2人分）

ゆでだこ … 100g
→ 薄切り

玉ねぎ … 1/6個
→ 粗みじん切り

きゅうり … 1/2本
→ 粗みじん切り

プチトマト … 4個
→ 縦4等分に切る

ドレッシング（混ぜ合わせる）

青じそ … 2枚 → 粗みじん切り
オリーブ油 … 大さじ1
にんにく … 1/4片 → すりおろす
塩こしょう … 少々
酢（またはレモン汁）… 大さじ1
（甘めが好きなら）砂糖
　（またははちみつ）… 少々

作り方

すべての材料を混ぜ合わせる。

しょうゆ：砂糖：酢＝1：1：1の甘酢だれはビールもご飯もすすむ味

家族みんな酢が好きなので、いろんな食材に甘酢だれをからめています。使う調味料は、しょうゆ：砂糖：酢＝1：1：1と覚えやすいので、味つけに迷ったときはぜひ作ってみてください。片栗粉をまぶしてから焼けば、こってりとたれがよくからみます。さっぱり食べたいときは、片栗粉なしにして、焼きびたしにもできます。なすのほか、いも類、根菜類、豚肉や鶏肉、肉団子、白身魚で同じように作るのもおすすめです。

外側はかりかり、中はとろとろ

甘酢なす
Sweet and Sour Eggplants

材料（2人分）

なす…2本
甘酢だれ（混ぜ合わせる）
　しょうゆ、砂糖、酢
　…各大さじ1
片栗粉…適量
油…適量
青じそ…3枚

作り方

1. なすを乱切りにして（A）、片栗粉をまぶす（B）。青じそは粗みじん切りにする（C）。
2. フライパンに深さ5mmくらいの油を入れて熱し、なすを全体がかりっとして焼き色がつくまで焼く（D）。
3. フライパンの油をペーパータオルで拭き取り、甘酢だれを加え（E）、全体にからめて火を止める。器に盛り、青じそをちらす。

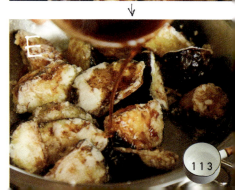

さっぱり派はこちら

甘酢でなすの焼きびたし
Stir-fried Eggplants in Sweet and Sour Sauce

なすには片栗粉をまぶさず、油大さじ2くらいで白い部分が黄色くなるまで炒める（途中で油がなくなったらたしながら）。上の「甘酢なす」と同じ甘酢だれをからめ、青じそをちらす。

てり焼き味 にすれば、肉はなくても満足感のある一皿に

とりあえずてり焼き味にしておけば安心、野菜だけでもボリュームが出るのでよく作ります。片栗粉でとろみをつけたり、バターを加えて香りを楽しんだり、ぽん酢しょうゆでさっぱり仕上げたり。少しの工夫で飽きずに食べられます。毎日のことなので、少しのアイデアで雰囲気を変えられるよう、頭を柔らかくしていきたいと思います。

つややかな仕上がりについ箸がのびる

なすとにらでてり焼き炒め
Stir-fried Eggplants and Garlic Chives with Teriyaki Sauce

材料 (2人分)

- なす … 2本 → 乱切り
- にら … 1束 → 4cm長さに切る
- にんにく … 1片 → つぶす
- てり焼きのたれ（混ぜ合わせる）
  - しょうゆ、酒、みりん … 各大さじ1
  - 砂糖 … 大さじ½
- 塩こしょう … 少々
- 水溶き片栗粉（片栗粉大さじ½を水大さじ1で溶いたもの）
- 油 … 適量

作り方

1. フライパンに油大さじ2とにんにくを入れ、香りが立ったらなすを入れて、途中で油がなくなったらたしながら炒める。
2. 焼き色がついたらにらを加えてさっと炒める（A）。
3. てり焼きのたれをからめて（B）塩こしょうで味をととのえ、水溶き片栗粉を加えてとろみをつけ（C）、火を止める。

ビールにもよく合うにんにくバター風味

ささっとてり焼きたけのこ
Simple Teriyaki Takenoko Bamboo Shoots

材料 (2人分)

- たけのこの水煮（やわらかい上のほう）… ½個
- にんにく … 1片 → つぶす
- てり焼きのたれ（混ぜ合わせる）
  - しょうゆ、酒、みりん … 各大さじ1
  - (好みで)砂糖 … 大さじ½
- 油 … 大さじ½
- バター … ひとかけら

作り方

1. たけのこは放射状に食べやすい大きさに切る。
2. フライパンに油とにんにくを入れ、香りが立ったらたけのこを入れて焼く。
3. 焼き色がついたら、てり焼きのたれ、バターを加えてからめ、火を止める。

ぽん酢＋砂糖のたれをからめて

厚揚げの甘ぽん酢てり焼き
Atsuage Fried Tofu Seasoned with Sweet Ponzu Sauce

材料 (2人分)

- 厚揚げ … 2枚 → 3～4cm角に切る
- 塩こしょう … 少々
- 甘ぽん酢だれ（混ぜ合わせる）
  - ぽん酢しょうゆ … 大さじ2
  - 砂糖 … 大さじ½
  - 白すりごま … 大さじ½
  - おろししょうが、おろしにんにく … 各少々
- ごま油 … 大さじ½
- 白いりごまと白すりごま … 好きなだけ

作り方

フライパンにごま油を熱し、厚揚げを焼く。各面を焼いたら塩こしょうをふり、甘ぽん酢だれを加え、煮からめる。器に盛り、いりごまとすりごまをふる。

コクとうまみのしみた大根が、また食べたくなる

大根とベーコンのにんにくバターしょうゆ炒め
Stir-Fried Bacon and Daikon Radish

いつも作っているオイルパスタの要領で大根を炒めてみました。にんにくバターしょうゆの香りをまとった大根が本当においしい。麺の代わりに大根、ほかのパスタソースでも試してみようかな。

材料（2人分）

大根 … 15cm
→ 1cm角、5cm長さの棒状に切る（拍子木切り）

ベーコン（ブロック）… 50g → 1cm角の棒状に切る

大根の葉（塩ゆでして小口切りにしたもの）
… 大さじ2くらい

にんにく … 1片 → つぶす
赤唐辛子 … 1本 → ちぎる
オリーブ油 … 大さじ1
バター … ひとかけら
しょうゆ … たらり
塩こしょう … 少々

作り方

1 フライパンにオリーブ油、にんにく、赤唐辛子、ベーコンを入れて炒め（A）、ベーコンに薄い焼き目がついたら大根を加えて炒める。

2 大根に透明感が出て火が通ったらバター、しょうゆを加え混ぜ（B）、大根の葉を加えて炒め合わせ（C）、塩こしょうで味をととのえる。

大根の葉っぱ
Daikon Leaves

葉つきの大根やかぶは、葉も青菜として活用します。葉をつけたままにしていると、成長し続け、すが入ってしまうので、真っ先に切り離して塩ゆで。緑色が鮮やかになったらひき上げ、冷水にさらして絞り、細かく刻みます。炒めものにするほか、めんつゆとごま油であえたり、しらす、ごま、おかかなどと一緒にご飯に混ぜておにぎりにしたり。冷凍保存もできます。

> **メモ** 大根が葉つきでないときは小松菜で代用できます。

熱々をほおばりたい
はちみつバターかぼちゃ
Honey Butter Fried Kabocha Squash

すでにレシピ名から甘い香りが漂ってきそう。できたてをはふはふしながらつまみたいですね。さつまいもやじゃがいも、にんじんも合いそう。レモンを搾ってさわやかさをプラスしてもいいと思います。

材料（2人分）

かぼちゃ … ¼個
→ 横に半分に切って1.5cm厚さのくし形切りにする
はちみつ … 大さじ1
バター … ひとかけら
片栗粉 … 適量
塩 … 少々
油 … 適量

作り方

1 片栗粉に塩を混ぜ、かぼちゃにまぶす。
2 フライパンに深さ5mmくらいの油を入れ、かぼちゃを入れ（A）、途中で返しながら揚げ焼きにする。
3 かぼちゃに火が通ったら、フライパンの油を拭き取り（B）、バター、はちみつを加え（C）、全体にからめる。

チーズ好きが泣いて喜ぶ
野菜のマスタードチーズ焼き
Cheesy Grilled Sausages and Veggies

スキレットに野菜を山盛り入れて炒め、チーズをのせてこんがり焼きました。結局ここでもまたチーズが登場、チーズの力は偉大です。マスタードとチーズが甘いさつまいもによく合います。これは野菜は何に替えてもできますが、かぼちゃ、とうもろこし、にんじんなどの甘みのある野菜を1種類入れるといいかなと思います。

材料（直径16cmのスキレット1個分）

ブロッコリー … 6房
→ 塩ゆでして、食べやすく切る。茎も薄切りにして、一緒にゆでて使う

さつまいも（蒸すかゆでるかしたもの）
… 1本（200g） → 2cm大に切る

ソーセージ … 3本
→ 5mm厚さの輪切り

玉ねぎ … ¼個 → 粗みじん切り
オリーブ油 … 大さじ1
マスタード（ディジョンマスタード、粒マスタード）… 合わせて大さじ1

シュレッドチーズ … ひとつかみ

塩こしょう … 少々

Start!

1 Stir-fry sausages and onions

2 Add vegetables and mustard

\Finished/

3
Bake

作り方

1. スキレットにオリーブ油、玉ねぎ、ソーセージを入れて熱し、ソーセージの両面に焼き色をつける。
2. ブロッコリー、さつまいも、マスタード、塩こしょうを加えてざっと炒める。
3. チーズをのせて、焼き色がつくまで魚焼きグリルかオーブントースターで焼く。

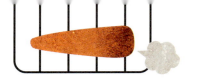

魚焼きグリルで毎日おうちBBQ 野菜好きになること間違いなし

私は魚焼きグリルでなんでも料理します。もちろんオーブントースターでも同じようにできますよ。焼いてうまみが凝縮された野菜は、ほくほくで甘くておいしい。火の通りが気になるものはアルミホイルで包み焼きすればいいし、シリコン樹脂加工のアルミホイルを使えば料理の幅も広がります。キャンプ気分で楽しく料理、野性の勘が働くようになるかも。

かりかりの外側だけじゃなく真ん中のやわらかいところも魅力

枝豆とコーンで焼きチーズ
Grilled Cheese with Edamame and Corn

シリコン樹脂加工のアルミホイル（くっつかない加工のもの）に**スライスチーズ2枚**をのせ、**枝豆**（ゆでてさやから出す）と**コーン**を好きなだけのせ、**塩こしょう**少々をふる。魚焼きグリルかオーブントースターで焼き色がつくまで焼く。

旬のねぎが、いくらでも食べられる

ねぎまのねぎだけ
Grilled Negi Green Onions

長ねぎ2本を4cm長さに切ってアルミホイルに並べ、**塩こしょう**をふる。魚焼きグリルかオーブントースターにのせ、**たれ**（**しょうゆ、みりん**各大さじ1、**油**大さじ½、**塩こしょう**少々）を半量ほどかけて焼き色がつくまで焼く。途中で残りのたれをかける（辛くなるので青い部分は控えめにかける）。

素焼きにして、おかかとごま入りのたれで
焼きピーマン
Grilled Green Peppers

ピーマン4個を縦4〜6等分にして種とわたを除き、アルミホイルを敷いた魚焼きグリルかオーブントースターにのせて焼き色がつくまで焼く。**たれ**（**しょうゆ**、**みりん**各小さじ1、**ごま油**小さじ½、**削り節**、**白いりごま**と**白すりごま**、甘めが好みなら**砂糖かはちみつ**少々も）と混ぜ合わせる。さめてもおいしい。

蒸し焼きにして甘みを引き出して
にんじんステーキ
Grilled Carrot

にんじん1本を縦半分に切ってアルミホイルにのせ、**オリーブ油**適量、**塩こしょう**少々をかけて包み、魚焼きグリルかオーブントースターで10分くらい蒸し焼きにする。にんじんに火が通ったらアルミホイルを開いてさらに焼いて表面に焼き色をつけ、**粉チーズ**適量をふる。

みんな大好きな甘じょっぱいの
かぼちゃの粉チーズ焼き
Grilled Kabocya Squash with Parmesan

かぼちゃは1.5cm厚さに切って電子レンジで加熱し（加熱時間は300ｇで約4分が目安）、アルミホイルに広げ、**粉チーズ、オリーブ油**各適量、**塩こしょう**少々をふり、魚焼きグリルかオーブントースターで表面がかりっとするまで焼く。

とろっとしたなすとオクラの組み合わせ
焼きなす with オクラぽん酢だれ
Grilled Eggplants with Sticky Okura Ponzu Sauce

なすは縦4等分に切ってアルミホイルにのせ、やわらかくなるまで魚焼きグリルかオーブントースターで焼く。**オクラぽん酢だれ**（ゆでて小口切りにした**オクラ**5本、**ぽん酢しょうゆ**大さじ2、**砂糖**大さじ½、**ごま油**大さじ½〜1、**塩**少々、**白いりごま、おろししょうが、おろしにんにく**好みの量）をかける。

焼いてほくほく

長いも バターしょうゆ

Grilled Nagaimo Yam Seasoned with Butter and Soy Sauce

とびきりカンタン♪

長いもは1cm厚さの輪切りにし（皮をよく洗えばむかなくてもお好みで）、**オリーブ油**をひいたアルミホイルに並べ、**塩こしょう**少々をふり、**しょうゆ**たらり、魚焼きグリルかオーブントースターで5分くらい焼く。**バター**適量をのせて食べる。

じっくり焼いて甘くなった玉ねぎを堪能

まるごと 新玉ねぎグリル

Grilled New Onions

新玉ねぎは十文字に切り込みを入れて、1個ずつ包める大きさのアルミホイルにのせ、**オリーブ油**をかけ、**塩、粗びき黒こしょう**をふって包み、魚焼きグリルかオーブントースターで30分くらい、やわらかくなるまで焼く。**パルミジャーノ・レッジャーノ**のすりおろしをかける。
＊オーブンで焼いても（230℃で30分、または250℃で25分）。

うまみの凝縮したきのこをかりかりチーズと

しめじの粉チーズ焼き

Grilled Shimeji Mushrooms with Parmesan

しめじはほぐしてアルミホイルにのせ、**塩こしょう、粉チーズ、オリーブ油**をふって、魚焼きグリルかオーブントースターでチーズに焼き色がつくまで弱火で焼く。

食べごたえ満点の ごろごろ野菜スープ

冷蔵庫の半端野菜を使い切りたいときは迷わずスープ。うまみたっぷりなごちそうスープに身も心も満たされます。サラダ感覚で食べられる具だくさんスープさえあれば、その日は勝ち確定。卵やチーズを加えたり、酢で味をしめたり、思いつきであれこれ工夫するのもスープの楽しみです。

毎週作っても飽きない味
たまごスープ トマト入り
Fluffy Egg Drop Soup with Tomatoes

材料（2人分）

- 卵…2個 → 溶きほぐす
- トマト…2個 → ざく切り
- だし汁…400ml（または湯400ml＋中華風やコンソメなど好みのスープの素）
- しょうゆ、酒…各大さじ1
- おろししょうが…小さじ1
- 水溶き片栗粉（片栗粉大さじ1を水大さじ2で溶いたもの）
- 塩こしょう…少々
- ごま油…大さじ½
- 粗びき黒こしょう…少々
- （好みで）ラー油、酢…各少々

作り方

鍋にだし汁を沸かし、しょうゆ、酒、しょうが、トマトを加えてさっと煮る。煮立ったら水溶き片栗粉でゆるいとろみをつける（A）。塩こしょうし、溶き卵を細くたらしてまわし入れ（B）、半熟状に火を通す。仕上げにごま油、黒こしょう、好みでラー油、酢をふる。

旬の新玉ねぎをごま油風味で味わう
新玉ねぎでたまごスープ
Fluffy Egg Drop Soup with New Onions

材料（2人分）

- 卵…1〜2個 → 溶きほぐす
- 新玉ねぎ…1個 → 縦半分に切って縦に薄切り
- ごま油…大さじ1
- だし汁…400ml（または湯400ml＋中華風やコンソメなど好みのスープの素）
- （好みで）おろししょうが…小さじ1
- しょうゆ…たらり
- 塩…少々
- 水溶き片栗粉（片栗粉大さじ1を水大さじ2で溶いたもの）
- 白いりごまと白すりごま、粗びき黒こしょう…各少々

作り方

鍋にごま油、玉ねぎを入れて炒め、しんなりしたらだし汁、しょうがを加え、煮立ったらしょうゆと塩で味つけし、水溶き片栗粉でとろみをつける。溶き卵を細くたらしてまわし入れ、半熟状に火を通す。仕上げにいりごま、すりごま、黒こしょうをふる。

すりおろして煮るだけなので簡単
にんじんスープ
Carrot Soup

材料（2人分）

- にんじん…2本 → すりおろす
- 玉ねぎ…1個 → すりおろす
- オリーブ油…大さじ1
- だし汁…200ml（または湯200ml＋固形コンソメスープの素）
- 牛乳…200ml
- バター…ひとかけら
- 塩、粗びき黒こしょう…各少々

作り方

鍋にオリーブ油を熱し、にんじんと玉ねぎのすりおろしを入れて炒め、だし汁を加えて温め、牛乳、バターを加えて温める。煮立つ前に火を止め、塩で味をととのえ、黒こしょうをふる。

牛乳とバターでまろやかに
さつまいものミルクスープ
Sweet Potato Milk Soup

材料 (2人分)

- さつまいも … 1本(200g)
  → 2cm角に切る
- ベーコン(またはハムやソーセージ) … 30g
  → 1.5cm角に切る
- 玉ねぎ … ¼個
  → 粗みじん切り
- (好みで)にんにく … 1片
  → つぶす
- オリーブ油 … 大さじ1
- 薄力粉 … 大さじ1
- だし汁 … 200㎖
  (または湯200㎖＋中華風やコンソメなど好みのスープの素)
- 牛乳 … 200㎖
- バター … ひとかけら
- 塩、粗びき黒こしょう … 各少々

作り方

鍋にオリーブ油、にんにく、玉ねぎ、ベーコンを入れて炒め、玉ねぎがしんなりしたらさつまいもを加えて炒める。油がまわったら薄力粉を加えて混ぜ、だし汁を加えて煮る。さつまいもがやわらかくなったら牛乳、バターを加えて温め(C)、煮立つ前に火を止め、塩で味をととのえ、黒こしょうをふる。

鍋いっぱいのキャベツを煮て
キャベツのスープ
Cabbage Soup

材料 (2人分)

- キャベツ … ¼個 → ざく切り
- ベーコン(またはハムやソーセージ) … 50g → 細切り
- にんにく … 1片 → つぶす
- オリーブ油 … 大さじ1
- だし汁 … 400㎖(または湯400㎖＋中華風やコンソメなど好みのスープの素)
- しょうゆ … たらり
- バター … ひとかけら
- パルミジャーノ・レッジャーノ
  … 20g＋(仕上げ用)好きなだけ → すりおろす
- 塩 … 少々
- 粗びき黒こしょう … 少々

作り方

鍋にオリーブ油、にんにく、ベーコンを入れ、ベーコンに焼き色がついたら、だし汁、キャベツを加えて煮る。キャベツがしんなりしたら、しょうゆ、バター、パルミジャーノ・レッジャーノ20gを加える。塩で味をととのえ、仕上げにパルミジャーノ・レッジャーノ、黒こしょうをふる。

辛みと酸味をきかせて
酸辣湯 (サンラータン)
Hot and Sour Soup

材料 (2人分)

- 豆腐 … 1丁
- 小松菜 … 2株
  → 2cm長さに切る
- プチトマト … 10個
  → 半分に切る
- 卵 … 1個
  → 溶きほぐす
- 水 … 400㎖
- 中華風スープの素 … 大さじ½〜1 (濃さはお好みで)
- おろししょうが … 小さじ1
- しょうゆ … 大さじ1
- 塩こしょう … 少々
- 水溶き片栗粉(片栗粉大さじ1を水大さじ2で溶いたもの)
- 酢 … 大さじ2
- ごま油、ラー油 … 各適量

作り方

鍋に水、スープの素、しょうがを入れて火にかけ、煮立ったらしょうゆを加え、豆腐を手ですくい入れ(D)、小松菜、プチトマトを加えて煮る。塩こしょうで味をととのえ、煮立ったら水溶き片栗粉でとろみをつける。溶き卵を細くたらしてまわし入れ、半熟状に火が通ったら酢をまわし入れ、火を止める。ごま油、ラー油をまわし入れる。

125

落としたまごがうれしい
トマト缶で簡単なスープ たまご入り
Easy Tomato Soup with Eggs

とびきりカンタン♪

材料（2人分）
- トマトの水煮缶 … 1缶（400g）
- 水 … 200〜400ml
  （空いたトマト缶½〜1缶分）
- 中華風スープの素 … 大さじ½〜1
  （濃さはお好みで）
  （または固形コンソメスープの素1個）
- しょうゆ、砂糖 … 各大さじ½
- 卵 … 2個
- 塩 … 少々
- オリーブ油 … 大さじ1
- パルミジャーノ・レッジャーノ
  … 好きなだけ → すりおろす
- 粗びき黒こしょう … 少々

作り方
鍋にトマト缶と水を入れて混ぜ（A）、ざっとトマトをつぶしながら温める。煮立ってきたら、スープの素（B）、しょうゆ、砂糖を加えて混ぜ、再度煮立ったら卵を落とし入れる。半熟状に火が通ったら火を止め、塩で味をととのえ、オリーブ油をまわし入れ、パルミジャーノ・レッジャーノ、黒こしょうをふる。

家にある半端野菜はスープにしちゃおう
ありもの野菜のスープ
Chunky Soup

材料（2人分）
- 半端野菜（ありもの野菜、きのこ。これ以外もなんでもよい）
  - 玉ねぎ … ¼個 → 2cm四方に切る
  - （好みで）にんにく … 1片 → つぶす
  - じゃがいも … 1個（100g）
    → 皮をむいて一口大に切る
  - にんじん … ¼本 → 2cm大に切る
    （じゃがいもより少し小さめ）
  - しめじ … ひとつかみ
    → ほぐして2cm長さに切る
  - ブロッコリー … 3房
    → 2cm大に切る。茎も使う
  - コーン（冷凍） … ひとつかみ
- （あれば）ベーコン（またはハムやソーセージ）
  … 40g → 2cm角に切る
- 油 … 大さじ1
- 水 … 400ml
- 固形コンソメスープの素 … 1個
  （または中華風スープの素
  大さじ½〜1／またはだし汁400ml）
- しょうゆ … たらり
- 塩こしょう … 少々
- （仕上げ用）好みの油、粗びきこしょう … 各少々

作り方
鍋に油、にんにく、ベーコン、玉ねぎを入れて炒め、玉ねぎが透き通ったら、じゃがいも、にんじん、しめじを加えて炒める。ひと炒めしたら、水、スープの素を入れて煮る。にんじんがやわらかくなったら、しょうゆを加え、ブロッコリー、コーンを入れて煮る。塩こしょうで味をととのえ、仕上げに好みの油をまわしかけ、黒こしょうをふる。

ごろごろのかぼちゃがたっぷり
かぼちゃミルクスープ カレー味
Curry Flavored Milk Soup with Kabocha Squash

チーズを溶かしてうまみ濃厚
じゃがいもミルクチーズスープ
Cheesy Potato Milk Soup

材料（2人分）
- **じゃがいも** … 3個（300g）
  →皮をむいて一口大に切る
- 玉ねぎ … ½個 → 粗みじん切り
- （好みで）にんにく … 1片 → つぶす
- オリーブ油 … 大さじ1
- バター … ひとかけら
- スープ … 200㎖
  （水200㎖＋固形コンソメスープの素1個／または鶏肉のゆで汁200㎖）
- **スライスチーズ** … 2枚
- **牛乳** … 200㎖
- しょうゆ … たらり
- 塩こしょう … 少々
- （仕上げ用）オリーブ油 … 適量
- 粗びき黒こしょう … 少々

作り方
鍋にオリーブ油、玉ねぎを入れて炒め、しんなりしたら、バター、じゃがいもを加えてざっと炒め、スープを加えて煮る。じゃがいもがやわらかくなったら、つぶし（C）、チーズをちぎって入れ、牛乳を注ぐ（D）。煮立つ前に火を止めて塩こしょうで味をととのえ、黒こしょうをふり、オリーブ油をまわしかける。

 じゃがいもをさつまいもやかぼちゃに替えてもよい（皮つきのまま、半つぶしにしても）。半端野菜を寄せ集めてつぶさずに作ってもおいしい。

仕上げにチーズで優勝確定
トマト缶で簡単スープごはん
Easy Tomato and Rice Soup

材料（2人分）
- かぼちゃ … ¼個
  →2cm角に切る
- 玉ねぎ … ½個 → 1cm四方に切る
- オリーブ油 … 大さじ1
- カレー粉 … 大さじ½〜1
- 水 … 200㎖
- 固形コンソメスープの素 … 1個
- **牛乳** … 200㎖
- バター … ひとかけら
- しょうゆ … たらり
- 塩こしょう、粗びき黒こしょう … 各少々

作り方
鍋にオリーブ油、玉ねぎを入れて炒め、しんなりしたらかぼちゃを加えて炒める。ひと炒めしたらカレー粉を加えて（E）炒める。水、スープの素を加えて煮て、かぼちゃがやわらかくなったらしょうゆを加え、バター、牛乳（F）を加える。煮立つ前に火を止め、塩こしょうで味をととのえ、黒こしょうをふる。

材料（2人分）
- **トマトの水煮缶** … 1缶（400g）
- **ご飯** … 茶碗1杯分
- 玉ねぎ … ¼個 → 1cm四方に切る
- ソーセージ（またはベーコンやハム） … 2本（40g）
  →1cm幅に切る
- **卵** … 2個 → 溶きほぐす
- **スライスチーズ** … 1枚
- オリーブ油 … 大さじ1
- 水 … 400㎖（空いたトマト缶1缶分）
- 固形コンソメスープの素 … 1個
  （または中華風スープの素大さじ½〜1）
- 砂糖 … 小さじ1
- しょうゆ … たらり
- 塩こしょう … 少々

作り方
鍋にオリーブ油、玉ねぎ、ソーセージを入れて炒め、玉ねぎが透き通ったらトマト缶、水、スープの素、砂糖、しょうゆを加えて煮る。煮立ったら卵をまわし入れ、ご飯を加えて少し煮て、塩こしょうで味をととのえ、チーズをちぎってのせる（G）。

127

左は、近所の飲み会で知り合った私の相棒、調理アシスタントの鈴木綾子さん。いつも頼りにしてます。

Tesshi（@tmytsm）
Instagramに毎日深夜投稿するおいしいそうでボリュームたっぷり、迫力満点の料理の数々が大人気。フォロワー数は36万人超（2021年10月31日現在）。著書に『主役は、ごちそうおにぎり』『もりもりホットサンドと野菜ごろごろスープ』『とびきりおいしい家パスタ』（すべてKADOKAWA）がある。本書が4冊目。

おいしいがとまらない！
魅惑のレシピ

2021年11月22日　初版発行

著者／Tesshi（@tmytsm）

発行者／青柳 昌行

発行／株式会社KADOKAWA
〒102-8177　東京都千代田区富士見2-13-3
電話　0570-002-301（ナビダイヤル）

印刷所／凸版印刷株式会社

本書の無断複製（コピー、スキャン、デジタル化等）並びに無断複製物の譲渡及び配信は、著作権法上での例外を除き禁じられています。また、本書を代行業者などの第三者に依頼して複製する行為は、たとえ個人や家庭内での利用であっても一切認められておりません。

●お問い合わせ
https://www.kadokawa.co.jp/（「お問い合わせ」へお進みください）
※内容によっては、お答えできない場合があります。
※サポートは日本国内のみとさせていただきます。
※Japanese text only

定価はカバーに表示してあります。

©Tesshi（@tmytsm）2021　Printed in Japan
ISBN978-4-04-605399-2　C0077